천태사교의
天台四教儀

동국대학교 불교기록문화유산아카이브사업단(ABC)
본서는 문화체육관광부 지원으로 동국대학교 불교학술원에서 간행하였습니다.

한글본 한국불교전서 고려 4
천태사교의

2011년 9월 5일 초판 1쇄 발행
2024년 4월 30일 초판 3쇄 발행

지은이 제관
옮긴이 최기표
발행인 박기련
발행처 동국대학교출판부

출판등록 제1973-000004호
주소 04626 서울시 중구 퇴계로36길2 신관1층 105호
전화 02-2264-4714
팩스 02-2268-7851
Homepage https://dgpress.dongguk.edu/
E-mail abook@jeongjincorp.com

편집디자인 꽃살무늬
인쇄처 네오프린텍(주)

© 2024, 동국대학교(불교학술원)

ISBN 978-89-7801-308-6 93220

값 10,000원

이 책의 무단 전재나 복제 행위는 저작권법 제98조에 따라 처벌받게 됩니다.

한글본 한국불교전서 고려 4

천태사교의
天台四敎儀

고려 사문高麗沙門 제관諦觀
최기표 옮김

동국대학교출판부

한글본 한국불교전서를 펴내며

●

『한국불교전서韓國佛教全書』(전14책, 동국대학교출판부)는 1700년 역사를 지닌 한국 불교사상의 정수를 담은 책으로서 한국의 사상과 문화의 보고이다. 전서는 삼국시대부터 1900년대 초에 이르기까지 한국에서 찬술된 불교문헌을 집대성한 것으로서 국내외 연구자들에게 한국의 사상과 역사 및 문화를 연구하는 데 활용도가 매우 큰 것으로 인정받고 있다.

이렇듯 정성 들여 수집하고 간행한 전서의 모든 문헌을 이 시대의 언어감각에 맞게 번역하고 이를 간행하여 일반 독자들에게 제공하는 것은 우리 세대의 시대적 과제라 할 수 있다. 이는 한국 문화의 우수성을 우리 스스로 확인하고 이를 바탕으로 새로운 문화를 창조하는 데 필요한 것으로서 우리 시대에 수행해야 하는 문화적 사명임이 분명하다.

이에 동국대학교 불교문화연구원에서는 『한국불교전서』를 역주하여 『한글본 한국불교전서』를 펴내는 바이다. 이를 통해 오랜 세월 동안 묻혀 왔던 보배와 같은 문헌들과 위대한 사상

가들이 새롭게 조명되고 일반 독자들에게도 널리 읽히는 계기가 되기를 기대한다. 또한 이를 통해 한국 문화의 우수성을 재발견하고 우리 시대에 새로운 호흡을 불어넣는 가치관을 제시하는 데 밑거름이 될 것으로 기대한다.

  사업의 진행과 역서의 출간에 도움을 준 문화체육관광부와 동국대학교 관계자 여러분께 심심한 감사를 드리며, 전서의 번역과 한글본의 완간이 마무리될 때까지 지속적인 성원이 있기를 당부드린다. 아울러 여러 가지 어려운 상황 속에서도 사명감을 가지고 동참해 주신 역자 여러분께 재삼 감사드린다.

2010. 6.

동국대학교 불교문화연구원장

천태사교의天台四教儀 해제

최 기 표

금강대학교 불교복지학부 교수

1. 개요

천태학은 중국 남북조 말기에서 수隋 통일기까지 활동한 천태 대사 지의智顗(538~597)에 의해 조직되었다. 주요 소의 경론은 『묘법연화경妙法蓮華經』과 용수龍樹의 『중론』, 『대지도론』 등이지만 실제로는 대부분의 대·소승 경론이 활용되었다고 할 수 있다. 즉 여러 경전들은 각각 퍼즐의 조각처럼 나름대로 역할과 가치가 있으며 상호 연관되고 모순 없이 회통한다고 전제하고 일체 경론을 자유자재로 인용하여 교학체계를 건립한 것이다. 이러한 태도는 모든 경전이 '일체 중생의 성불'이라는 부처님의 원대한 목표 아래 체계적으로 설해진 것이라는 지의의 불교관에 기인한다. 이러한 이해를 구체적으로 구현한 것이 지의의 교판론이다. 사실 교상판석教相判釋은 경전 전체의 좌표를 정하기 위한 작업으로서 남북조 시대에 활발히 행해졌는데 지의의 오시팔교 교판은 그 결정판이라 할 수 있다.

오시는 화엄시-아함시(녹원시)-방등시-반야시-법화열반시로서 석가모니 부처님이 일생 동안 행한 설법을 다섯 시기로 나눈 것이고, 팔교는 설법 방식을 기준으로 해서 돈교·점교·비밀교·부정교의 넷으로 나눈 화의사교化儀四敎와, 설법 내용을 기준으로 해서 장교·통교·별교·원교의 넷으로 나눈 화법사교化法四敎를 말한다. 이러한 지의의 교판론은 그가 강의한 『법화현의』와 직접 찬술한 『유마경소』 등에 상세히 나오지만 내용이 매우 방대하고 복잡해서 이해하기가 쉽지 않다. 왕명으로 불교 전적을 중국에 전해 주러 간 고려 승려 제관諦觀 법사가 지의의 교판론을 간단히 요약했을 뿐만 아니라 『마하지관』에서 설한 수행론 가운데 25방편과 십승관법을 간결하게 정리한 것이 『천태사교의』이다. 다만 '사교의四敎儀'라는 명칭에서 알 수 있듯이 이 책은 화의사교와 화법사교의 설명에 중심이 놓여 있고 수행론은 매우 소략하다. 이후 이 책은 천태학 입문서이자 불교 경전 전체의 내용을 조감하는 개설서로서 매우 많이 연구되고 읽혔다.

2. 저자 및 저술 동기

『천태사교의』를 저술한 이는 고려 초기에 활동한 제관諦觀이다. 제관이 이 책을 저술한 과정에 대해 다음과 같은 내용이 전한다. 즉 당이 멸망하고 송이 중국을 통일하기까지 흥망한 오대십국五代十國 가운데 하나인 오월국吳越國의 충의왕忠懿王 전홍숙錢弘俶은 독실한 불교 신자였다. 그가 영가 현각永嘉玄覺이 저술한 『선종영가집』을 읽다가 "사주지四住地 번뇌는 똑같이 제거하지만 무명주지無明住地의 번뇌를 조복시키는 데는 삼장교三藏敎가 열등하다."는 구절이 이해되지 않아서 덕소德韶 국사에게 질문하였다. 국사는 천태종의 의적義寂 법사에게 물으라고 답변했고 왕이 의적 법사를 불러 물었는데 법사는 다음과 같이 대답하였다. "이는 천태 대사의 『법화현의』에 있는 문장인데 안사安史의 난과 회창會昌 폐불 등을 거치면서 중국의 교장敎藏은 거의 다 없어졌습니다. 지금은 고려에만 그 책이 있습니다."

왕은 이 말을 듣고 폐백과 함께 사신을 고려에 보내 책을 구해 오도록 하였다. 이에 고려 국왕 광종光宗은 제관에게 "천태교의 전적典籍을 갖고 가서 방문에 보답하고 돌아오라."고 하였다. 제관은 송 건륭乾隆 2년(961) 중국에 도착하여 천태산 나계螺溪의 전교원傳敎院에 주석하고 있던 천태종 제15조 의적 법사에게 나아가 수학하고 그곳에서 10년간 머물다가 생을 마쳤다. 제관이 입적한 뒤 그가 남긴 상자 안에서 광채가 나서 열어 보았는데 바로 이 책이 들어 있었다고 한다.

이 책을 저술한 제관에 대해서는 위와 같은 중국 측의 기록만 있고 국내 기록에서는 대각 국사 의천이나 김시습의 글 등에서 이름만 언급될 뿐 전혀 행적을 찾을 수 없다. 다만 제관을 중국에 파견하면서 "중국에 그 책들을 그냥 주지 말고 내용에 대해 질문하고 대답하지 못하면 다시 가지고 오라."고 고려 조정에서 당부했다는 것을 볼 때 제관이 천태교학에 상당한 식견을 가진 인물이라는 것만 알 수 있을 뿐이다.

3. 서지 사항

『한국불교전서』에서 저본으로 삼은 판본은 세조 때 주조된 금속활자인 을해자乙亥字로 간행된 종의從義(1042~1091)의 『천태사교의집해天台四敎儀集解』 3권이다. 여기에는 연우延祐 원년(1314)에 목암 노인이 쓴 발문이 첨부되어 있다. 신지 종의神智從義는 북송 시대의 천태종 승려로서 천태종 정통인 산가파山家派 사명 지례四明知禮의 손제자孫弟子인 부종 계충扶宗繼忠을 사사했지만 지례의 학설과 다른 것이 많아서 후대에 '후산외파後山外派'로 불린 인물이다.

고려대학교가 소장하고 있는 『사교의집해』에서 주해를 제외한 본문을 발췌하여 저본으로 삼고 다음 세 가지 본과 대교하였다. ① 갑본은 일본의 천태학자 세키구치 신다이(關口眞大)가 교정하여 출판한 『소화 교정昭和校訂 천태사교의』이다. 세키구치 박사는 12종의 판본을 대교하여 교정본을 출판했다고 밝히고 있다. ② 을본은 만력萬曆 9년(1581)에 간행하여 도쿄 증상사增上寺가 보은장報恩藏에 보관하고 있는 것을 저본으로 하여 『대정신수대장경』 제46권에 실린 것이다. 암기용으로 창작된 '사교송四敎頌'과 이 책이 저술되고 간행된 사연을 담은 「사교의연기四敎儀緣起」, 「각천태사교의인刻天台四敎儀引」 등은 여기에만 있다. ③ 병본은 일본 연보延寶 4년(1676)에 간행하여 슈쿄대학(宗敎大學)에서 소장하고 있는 판본이다. 『대정장』에서도 대교본對校本으로 삼았다.

이렇듯 적지 않은 판본이 전해지며 책이 저술되고 인쇄된 과정을 밝힌 글도 남아 있어 『천태사교의』는 신빙성이 높을 뿐만 아니라 오탈자가 거의 없다. 다만 이 책이 본래 몇 권이었는가 하는 문제를 두고 1권설과 2권설이 있었으나 이번에 번역한 「사교의연기」, 「각천태사교의인」에 따르면 2권설이 힘을 얻는다. 1582년 『천태사교의』를 판각하면서 풍몽정 거사가 찬한 「각천태사교의인」에 "책은 도합 두 권으로서 상권은 일가의 교판의 의미를 밝혔고 하권은 남북 여러 조사들의 다른 해설들을 밝혔는데 지금 전하는 것은 상권뿐"이라고 하였고, 1581년 교감자 지각智覺이 쓴 「사교의연기」에서는 『송고승전』의 저자인 찬녕의 글을 인용하여 "고산 지원孤山智圓 법사가 이를 교감하여 판목에 새겼다. 다만 지금의 상권의 글만 인행印行한 것은 대개 (상권이) 언사가 간략하고 뜻이 쉽게 드러나기 때문"이라고 기록하고 있다. 이어서 "하권은 남북의 옛 조사들을 파척罷斥하였으나 의미가 광대한 까닭에 (지원 법사가) 이를 느슨하게 여겨서 이처럼 문장 말미에 '이로부터 아래로는 여러 조사들의 교판과 의식을 간략히 밝혔다'고 지적하였다. 이로써 하권의 대략을 알 수 있다."고 덧붙이고 있다. 즉 제관이 쓴 『천태사교의』는 본래 상하 두 권이었으나 지원 법사(976~1022)가 상권만으로도 내용이 충분하다고 여겨 상권만 목판에 새기고 하권은 방만하다고 여겨 판각하지 않았다는 것이다. 또한 지원은 본래 하권이 있었음을 밝히기 위해 상권 말미에 "이로부터 아래는 여러 학자들이 교판하는 법식에 대해 간략히 밝혔을 뿐이다."라고 보충하는 문장을 삽입하였다는 것이 찬녕의 『통혜록』에 나오는 설명이다.

4. 내용과 성격

『천태사교의』는 크게 나누면 교상문敎相門이라 할 수 있는 오시팔교의 교판론과, 관심문觀心門이라 할 수 있는 25방편, 십승관법으로 구성되어 있는데 교상문이 대부분을 차지한다. 천태 대사 당시까지 전해진 주요 경전을 석가모니 부처님이 직접 설한 것으로 간주하여 그 설한 시기를 다섯으로 나누고, 설법 형식을 기준으로 해서 네 가지, 설법 내용을 기준으로 해서 네 가지로 나눈 것이 오시팔교이다.

먼저 오시란 다음과 같다.

① 화엄시華嚴時 : 성도한 직후에 보살들을 위하여 『화엄경』을 설한 시기.

② 녹원시鹿苑時 : 녹야원에 가서 다섯 비구를 교화한 것을 비롯하여 범부 중생들을 위하여 『아함경』을 설한 시기.

③ 방등시方等時 : 중생들을 개인적 해탈을 넘어 보살도로 이끌기 위하여 『유마경』, 『능가경』, 『승만경』 등 대승경전(方等經)을 설한 시기.

④ 반야시般若時 : 『대품반야경』 등 반야부 경전을 통해 제일의제第一義諦를 설한 시기.

⑤ 법화열반시法華涅槃時 : 중생들의 근기가 무르익었으므로 모든 교설을 종합하여 부처님의 진정한 뜻을 밝히는 『법화경』

과, 아직도 이해하지 못한 나머지 대중들을 위하여 『열반경』을 설한 시기이다.

다음에 화의사교化儀四敎란 다음과 같다.

① 돈교頓敎 : 여래의 깨달음을 순차 없이 바로 설하신 것으로 화엄시에 설한 『화엄경』이 이에 해당한다.

② 점교漸敎 : 아직 근기가 낮은 대중들은 여래의 깨달음을 바로 이해할 수 없으므로 쉬운 내용부터 가장 깊은 내용까지 단계적으로 설한 것으로 제2 녹원시부터 제4 반야시까지의 가르침이 이에 해당한다.

③ 비밀교秘密敎 : 법을 설할 때 모인 청중들의 근기가 제각각이므로 불가사의한 삼업三業으로 혹은 이 사람을 위하여 돈교를 설하고 혹은 저 사람을 위하여 점교를 설하여 대중들 간에 서로 모른 채 이익을 얻는 것이다.

④ 부정교不定敎 : 부처님은 한 소리로 법을 설하여도 모인 대중들의 근기가 달라서 각각 다르게 받아들이는 것을 말한다. 비밀교와 부정교는 따로 설하는 것이 아니고 앞의 4시에서 설하는 가운데 나타나는 형식이다.

화법사교化法四敎는 다음과 같다.

① 장교藏敎 : 4부 아함과 『구사론』, 『대비바사론』 등의 논서, 5부 율장 등 소승 삼장三藏에 설해진 가르침이다. 성문·연각·보살 등 삼승의 근기를 대상으로 한다.

② 통교通教 : 장교·별교·원교에 모두 공통된 가르침이라는 의미로서 반야부 경전과 방등부의 공반야共般若 설법이 이에 해당한다.

③ 별교別教 : 삼계 윤회에서 벗어난 보살들만을 대상으로 해서 별도로 설한 가르침이라는 의미로서 『화엄경』, 『영락경』, 『열반경』 등의 차제 설법이 이에 해당한다.

④ 원교圓教 : 일천제를 비롯하여 뛰어난 보살까지 모두 포함하는 원융무애하고 묘한 가르침이라는 의미로서 『법화경』 전체와 『화엄경』, 『유마경』, 『반야경』, 『열반경』의 일부 가르침이 이에 해당한다. 『천태사교의』나 오시팔교에서는 이 화법사교가 가장 중요하며 '사교四教'라 할 때는 이를 가리키는 경우가 대부분이다.

다음 관심문, 즉 수행 이론으로서는 25방편方便과 십승관법十乘觀法만 정리하고 있다. 이는 천태 대사가 『마하지관』에서 설한 것을 요약한 것인데, 25방편이란 다섯 가지 인연을 갖추는 것, 오욕을 꾸짖는 것 등 각각 다섯 항목으로 나뉘는 다섯 조목의 수행 방편을 말한다. 십승관법이란 불가사의한 경계를 관하는 것, 진정으로 보리심을 일으키는 것 등 관을 행할 때의 방법을 열 가지로 정리한 것이다.

5. 가치

많은 이들은 불교를 어렵게 여긴다. 진리 자체가 어렵기도 하지만 무엇보다도 방대한 경전이 그 원인일 것이다. 게다가 경전 간에 상호 모순되는 것처럼 보이는 설이 있는 것도 읽는 이들을 당황하게 한다. 예를 들어 "살생하지 말라, 도둑질하지 말라."는 가르침이 있는가 하면 "죄는 자성이 없다. 마음이 지어내는 것일 뿐이다."라는 설법이 있다. 또한 "생사윤회에서 벗어난 열반의 세계에 들라."는 내용과 "생사즉열반生死卽涅槃"이라는 내용, "일천제와 같은 무종성無種性의 중생은 성불할 수 없다."는 주장과 "모든 중생은 불성이 있다."는 주장은 양립할 수 없는 상반된 교설처럼 들린다. 수행이 진전됨에 따라 끊어지는 번뇌와 증득하는 경지에 대해서도 여러 가지 설이 있다.

이러한 개별 경전들의 의의와 위상을 정립하여 전체적으로 체계화하는 작업이 남북조 시대에 활발히 이루어진 교상판석敎相判釋이다. 많은 고승들과 학파에서 교판을 행하였는데 그 결정판으로 인정받은 것이 바로 천태 대사의 오시팔교 교판이다. 천태 대사의 교판설은 매우 정교하고 복잡하게 조직되어 있는데 이를 알기 쉽고 간략하게 정리한 것이 바로 『천태사교의』이다. 이 책을 통해 교판론을 익힌 뒤 이를 적용하여 각 경전들을 살펴보면 그 의미가 분명해지고, 여러 가지 번뇌설과 수행계위설 등이 체계적으로 이해된다. 중국 명대에 지금의 국립대학과 같은 국자감의 좨주를 맡아 최고의 학덕을 인정받은 풍몽정 거사가 『천태사교의』에 대해 "공부하는 이가 이것을 이해하면 (부처님의) 일대 교화의 대강을 반 이상 알게 될 것"이라고 평가한 것은 결코 과장이 아니다. 이로 인해 이 책에 대한 연구도 매우 활발하게 이루어져 주석서가 73종, 이에 대한 말소末疏가 130여 종에 이르는 것으로 조사되고 있다. 고려 때 의천義天도 3권 분량의 주석서를 지었다고 하는데 전해지지는 않는다.

6. 참고 문헌

1) 주석서

『천태사교의』는 천태의 교판론과 수행론을 매우 간략하게 핵심만 정리한 책이므로 관련 지식이 없으면 오히려 이해하기 어려운 측면이 있다. 때문에 이에 대한 주석서를 참고할 필요가 있는데 예로부터 송의 종의가 지은 『천태사교의집해天台四教儀集解』 3권, 남송의 원수元粹가 지은 『사교의비석四教儀備釋』 2권, 원의 몽윤蒙潤(1275~1342)이 지은 『사교의집주四教儀集

註를 3대 주석서라 부른다. 모두『속장경續藏經』제57권에 실려 있다.

2) 역주서 및 해설서

關口眞大,『昭和校訂 天台四敎儀』, 山喜房佛書林, 1935. (단락별 주제어, 인용 경전의 출전, 각종 도표 등이 곁들여 있으며 1973년에 23판이 인쇄되었다.)

대한불교천태종,『천태사교의 강의』, 천태종보사, 1980.

리영자 역주,『천태사교의』, 중앙일보사, 1983(경서원, 1988).

3) 연구 논문

리영자,「천태사교의의 해석에 관한 문제점」,『한국천태사상의 전개』, 민족사, 1988.

리영자,「천태사교의의 성립배경과 그 특징」,『한국천태사상의 전개』, 민족사, 1988.

지창규,「天台四敎儀의 五時八敎 연구—종래 학설의 문제점을 중심으로」, 동국대 박사학위 논문, 1996. 2.

천태불교문화연구원,「천태사교의의 종합적 고찰」,『천태학연구』5집, 2003.

차례

한글본 한국불교전서를 펴내며 / 4
천태사교의天台四敎儀 해제 / 7
일러두기 / 22

사교송四敎頌 / 24
사교의연기四敎儀緣起 / 27
각천태사교의인刻天台四敎儀引 / 34

천태사교의天台四敎儀

제1장 오시팔교의 개설 / 43

제2장 화의사교와 오시 / 46

  1. 돈교와 제1 화엄시 / 46
  2. 점교 / 49
     1) 제2 녹원시 / 49
     2) 제3 방등시 / 53

  3) 제4 반야시 / 54

 3. 비밀교 / 56

 4. 부정교 / 57

 5. 제5 법화열반시 / 58

  1) 법화시 / 58

  2) 열반시 / 62

제3장 화법사교 / 68

 1. 장교 / 68

  1) 장교의 교의 / 70

   (1) 고제 / 71

   (2) 집제 / 79

   (3) 멸제 / 83

   (4) 도제 / 83

  2) 장교의 수행 계위 / 86

   (1) 성문 / 86

   (2) 연각 / 90

   (3) 보살 / 93

 2. 통교 / 100

 3. 별교 / 109

 4. 원교 / 120

  1) 원교의 수행 계위 / 122

   (1) 오품제자위 / 123

(2) 육근청정위 / 129

　　(3) 십주위 / 133

　　(4) 십행 내지 묘각위 / 136

　2) 육즉 / 139

제4장 관심문 개설 / 142

1. 25방편 / 143

　1) 다섯 가지 인연을 갖춤 / 143

　2) 오욕을 꾸짖음 / 145

　3) 오개를 버림 / 146

　4) 다섯 가지 일을 조절함 / 147

　5) 다섯 가지 법을 행함 / 148

2. 십승관법 / 150

발문 / 157

옮긴이의 말 / 160

찾아보기 / 162

일러두기

1 '한글본 한국불교전서'는 문화체육관광부의 지원을 받아 동국대학교 불교문화연구원에서 수행하고 있는 '한국불교전서역주' 사업의 결과물을 출간한 것이다.
2 이 책의 번역은 『한국불교전서』(동국대학교출판부 간행) 제4책의 『천태사교의天台四敎儀』를 저본으로 하였다.
3 번역문에 이어 원문을 병기하였다. 원문은 『한국불교전서』를 저본으로 했으며, 띄어쓰기를 표시하기 위해 온점(.)을 사용하였다.
4 원문 교감 내용 가운데 ⑲은 번역자의 교감 내용을 가리킨다.
5 주석에서 소개한 출전은 약호로 표기하였다. T는 『대정신수대장경大正新脩大藏經』, X는 『신찬대일본속장경新纂大日本續藏經』의 약호이다.

천태사교의
天台四敎儀

고려 사문 제관 高麗沙門 諦觀

사교송四敎頌[1]

칠현의 일곱 계위는 장교藏敎의 첫 근기로서
통교 계위의 첫 번째, 두 번째와 같고
별교의 십신, 원교의 오품제자위이니
견혹見惑과 사혹思惑을 처음 조복하지만 범부에 머무네

> 七賢七位藏初機
> 通教位中一二齊
> 別信幷圓五品位
> 見思初伏在凡居

---

1 사교송四敎頌 : 만력萬曆 9년(1581)에 간행된 일본 증상사增上寺 보은장본報恩藏本에 실려 있는 이 게송은 사교의 수행 계위를 비교하기 쉽게 암기용으로 창작된 것이다. 찬술자는 미상이지만 몽윤蒙潤(1275~1342)의 『사교의집주』에는 없고 명 말기 승려인 무이 원래無異元來(1575~1630)의 저술에 처음 인용되고 있는 것으로 보아 명대 승려의 창작인 것으로 보인다.

과위果位인 수다원에 올라 성인의 흐름에 참여하면
통교의 3,4지와 어깨를 나란히 하고
또한 별교의 초주, 원교의 초신과 이어지니
여든여덟 가지 정사正使 비로소 그치네

   果位須陀預聖流
   與通三四地齊儔
   幷連別住圓初信
   八十八使正方休

원교의 7신과 별교의 7주는
장교 및 통교의 부처님과 등급이 같아
똑같이 4주지혹四住之惑 제거하고 한편의 진리를 증득하네
삼계 안 진사혹을 부분씩 끊고 삼계 밖 진사혹을 조복하여

   圓別信住二之七
   藏通極果皆同級
   同除四住證偏眞
   內外塵沙分斷伏

8신에서 10신으로 나아가니 견사혹과 진사혹 사라지고

가관假觀 이루어 속제 갖추니 진리에 비로소 통달하네
앞 별교의 뒤의 3주와 같고
십행 및 십회향위와도 이어져 서로 같네

   八之十信二惑空
   假成俗備理方通
   齊前別住後三位
   幷連行向位相同

별교의 십지는 원교의 십주와 완전히 같으니
무명을 일부분씩 끊고 성불의 참된 원인을 증득하네
(별교의) 등각과 묘각은 (원교의) 초행과 2행에 해당하니
(별교 수행인은) 3행 이후로는 그 이름을 알지 못하네

   別地全齊圓住平
   無明分斷證眞因
   等妙一覺初二行
   進聞三位不知名

사교의연기 四教儀緣起

송대에 승사僧史를 편찬한 승통僧統[2] 찬녕贊寧[3]은 『통혜록通惠錄』[4]에서 다음과 같이 말하였다.

당 말기 오월국吳越國의 충의왕忠懿王[5] 전홍숙錢弘俶은 나라를 다스리는 여가에 불경을 탐구하였다. 『영가집永嘉集』[6]을 읽다가 "4주지住地의 번뇌[7]를 똑같이 제거한다는 점에서는 같

---

2 승통僧統 : 북위北魏 시대에 전국 승려들의 사무를 통괄하기 위해 설치한 승직.
3 찬녕贊寧 : 919~1001. 『송고승전宋高僧傳』 30권과 『대송승사략大宋僧史略』 3권을 찬술. 속성은 고高씨이고 호는 통혜通慧이다.
4 『통혜록通惠錄』 : 지금은 전하지 않는다. 찬녕의 호가 통혜이므로 그의 특정 저술이거나, 그가 쓴 글들에 대한 통칭일 수도 있다
5 충의왕忠懿王 : 오대십국의 하나인 오월국의 제5대 왕. 재위 기간 948~978.
6 『영가집永嘉集』 : 당 시대 영가 현각永嘉玄覺(665~713)의 저술 『선종영가집禪宗永嘉集』 1권의 약칭. 『대정장』 48권에 실려 있다. 현각은 본래 천태산에서 수학하였는데 육조 혜능을 참방하여 깨달음을 얻은 뒤 선종 승려가 되었다.

지만 무명주지無明住地의 번뇌를 조복시키는 데는 삼장교三藏
敎[8]가 열등하다."는 구절이 이해가 되지 않아서 설거 덕소雪居
德韶[9] 국사에게 질문하였다. 국사는 "천태산 국청사國淸寺[10]에
의적義寂[11] 법사가 있는데 교법을 잘 홍포하고 있으니 반드시
이 말을 풀이할 수 있을 것입니다." 하고 아뢰었다. 왕이 법사
를 불러 물었더니 법사는 다음과 같이 대답하였다. "이는 천

---

7 4주지住地의 번뇌 : 오주지혹五住地惑 가운데 무명주지혹을 제외한 네 가지 번뇌를 가리킨다. 오주지혹이란 『승만경』에 나오는 설로서 일체의 번뇌를 의지하는 바탕에 따라 다섯 가지로 나눈 것이다. ① 견일처주지見一處住地는 삼계의 견혹見惑으로서 견도위에 올라가면 단번에 끊어지는 번뇌이고 ② 욕애주지欲愛住地는 욕계의 사혹思惑 ③ 색애주지色愛住地는 색계의 사혹 ④ 유애주지有愛住地는 무색계의 사혹을 말한다. ⑤ 무명주지혹은 삼계 일체 번뇌의 근본이지만 특히 삼계 밖의 일체 번뇌를 말하며, 유식학에서는 소지장所知障의 종자라고 한다.

8 삼장교三藏敎 : 화법사교 가운데 첫 번째인 장교藏敎를 말하는데 사부 아함과 율장, 소승 논서에 설해진 가르침이다.

9 덕소德韶 : 891~972. 송대 승려로 법안 문익法眼文益을 사사한 법안종 제2조이다. 천태산에 들어가 지의智顗의 유적을 참배한 뒤 그곳 백사사白沙寺에 주지하면서 오월왕에 의해 국사로 추대되었으므로 천태 덕소라 불린다. 여기서 '설거雪居'라 한 것은 그가 천태현의 운거사雲居寺에 머물렀다는 『불조통기佛祖統紀』의 기록으로 보아 '운거雲居'의 잘못이라 보인다.

10 국청사國淸寺 : 절강성浙江省 천태산 불롱봉佛隴峰 남쪽 사면에 있는 천태종의 근본 도량. 지의가 입적한 직후에 뒷날 수의 양제煬帝가 되는 진왕晉王 양광楊廣이 창건하였다.

11 의적義寂 : 919~987. 천태종의 제15조로서 나계螺溪에 머물렀으므로 흔히 나계 의적이라고 불린다. 오월왕에게 정광 대사淨光大師라는 시호를 받았다.

태 지자 대사智者大師의 『묘법연화경현의妙法蓮華經玄義』 가운데 있는 문장입니다. 당시 안사安史의 난[12]을 겪고 가까이는 회창會昌 연간의 분서焚書[13]를 당하여 중국의 교장敎藏은 이지러지고 빠져서 거의 없어졌습니다. 지금은 오직 해동 고려만 불법을 펴는 것이 융성하여 온전한 책은 그곳에 있습니다." 왕이 이 말을 듣고 개탄하면서 국서 및 폐백과 함께 사신을 고려에 보내 (천태종) 일가一家의 장소章疏를 구해 오도록 하였다. 이에 고려 국왕은 승가에 명하여 "제관이 천태교의 전적典籍으로써 방문에 보답하고 본국으로 돌아오라."고 하였다. 제관은 (중국에) 도착한 뒤 의적義寂에게 나아가 수학하고 나계螺溪에서 생을 마쳤다. 큰 가르침이 이에 이르러 다시 번창하였다. 제관은 『법화현의』를 잘 탐구하여 『사교의四敎儀』의 글을 추출·기록하여 두 권을 이루었다. 상권은 (천태종) 일가의 교판과 의의를 밝혔고, 하권은 남북 여러 논사들의 종지宗旨에 대한 다른 견해들을 밝혔다. 이후 고산 지원孤山智圓[14] 법사에 이

---

12 안사安史의 난 : 당 시대인 755~763년에 안록산安祿山과 사사명史思明이 주동이 되어 일으킨 반란으로 당나라이 전·후기를 구별 짓게 한 큰 사건이다.
13 회창會昌~분서焚書 : 당 무종武宗 때 일어난 훼불 사건으로 흔히 회창법난會昌法難이라고 부른다. 도교를 숭상한 무종이 회창 5년(846) 조칙을 내려 4만여 사찰을 헐고 26만여 승니를 환속시키며 종과 불상을 녹여 동전을 만들도록 한 사건. 무종은 다음 해에 병사하였다.
14 고산 지원孤山智圓 : 976~1022. 천태종 산외파山外派의 승려로 항주

르러 이를 교감하여 판목에 새겼다. (지원 법사가) 지금 (전하는) 상권의 글만 인행印行한 것은 대개 (상권이) 언사가 간략하고 뜻이 쉽게 드러나서 학자들이 진실로 이에 의지하면 (부처님) 일대 교화의 대강을 알 수 있기 때문이니, 어찌 작은 도움이라고 말할 수 있겠는가. 하권은 남북의 옛 논사들을 파척하였으나 글의 내용이 방만한 까닭에 (지원 법사가) 이를 느슨하게 여겨서 이처럼 문장 말미에 "이로부터 아래로는 여러 학자들이 교판하는 법식에 대해 간략히 밝혔다."고 지적하였다. 이로써 하권의 대략을 알 수 있다. 왕은 의적 법사를 위하여 나계 상류에 가람을 짓고 정혜원定慧院이라 명명하고 정광대사淨光大師라는 시호를 올렸다. 입적 뒤 구조九祖[15]라는 호를 추증하였고 아울러 동쪽(고려)에서 돌아온 교장敎藏들을 모두 의적에게 부촉하니 (천태의) 교문이 중흥하게 된 것은 실로 이에 기반한다. 덕소 국사는 마침 지자 대사와 성이 같고[16] 천태교학(의 중흥)을 도운 데다가 불롱봉佛隴峰[17] 인근에 기거하

출신. 천태종의 정통으로 인정받는 산가파山家派의 대표 사명 지례四明 知禮(960~1028)와 논쟁을 벌였고 많은 저서를 남겼다.
15 구조九祖 : 공식적인 천태종사에서는 의적을 제15대 조사로 삼고 있고, 흔히 제9조 형계 담연을 천태 대사로부터 계산하여 6조라고 부르는 방식으로 해도 12조가 되므로 '구조'라는 시호가 무엇을 기준으로 한 것인지, 어떤 의미로 하사한 것인지 불분명하다. 『석문정통釋門正統』(X75, 278c)에도 "九祖尊者라는 시호를 추증하였다."고 기록되어 있다.
16 덕소는 속성이 진陳씨로서 천태 대사와 같다.

였으므로 사람들은 그가 지자 대사의 후신(復身)이 아닌가 생각하였다.

사명 초암四明草菴[18] 법사는 『도인교원유사道因敎苑遺事』[19]에서 다음과 같이 말하였다.

옛날 지자 선사는 바다 끝자락에 방생지放生池[20]를 열었는데 그가 방생할 때는 반드시 삼귀계三歸戒와 오계五戒를 주고 대승법을 설한 뒤에 바다에 놓아 주었다. 지자 대사가 입적한 뒤 당 말기에 이르러 중국 천태의 도는 침체하였는데 해동의 고려와 신라 등 여러 나라에서는 이 가르침이 성행하였다. 부종 계충扶宗繼忠[21] 법사가 말하였다. "지자 대사는 이곳에 인

---

17 불롱봉佛隴峰 : 중국 절강성에 있는 천태산의 한 봉우리.
18 사명 초암四明草菴 : 1090~1167. 송대 승려로 법명은 도인道因이고 초암은 호이다. 사명 출신으로서 보운원寶雲院의 명지 중립明智中立에게 천태지관을 익히고 여러 선방을 편력하였다.
19 『도인교원유사道因敎苑遺事』: 『초암교원유사草菴敎苑遺事』 혹은 『초암독부草菴錄』 등으로 불리는 도인의 책인데 현재는 전하지 않는다.
20 방생지放生池 : 지자 대사가 천태산에 머물 때 천태현의 주민들이 생계를 위해 물고기를 잡는 것을 안타깝게 여기고 바다 한 곳을 사들여 물고기를 방생하는 장소로 지정한 곳. 그곳에서 『금광명경』을 강의하니 주민들이 모두 생업을 바꾸었다고 한다. 『수천태지자대사별전隋天台智者大師別傳』참조.
21 부종 계충扶宗繼忠 : 1012~1082. 송대 천태종 산가파 승려. 『부종집扶

연이 있는데도 가르침이 해동에 퍼진 것은 반드시 방생지에서 가르침을 듣고 계를 받은 물고기들이 과보로서 태어났기 때문일 것이다." 이 말을 들은 사람들은 자못 허탄虛誕한 말이라고 비난하였지만 그것이 교리에 근거한 말인 줄 알지 못하였다. 「유수품流水品」에서 만 명의 천자天子가 물고기의 과보를 벗은 것[22]이 어찌 이와 다른 것이겠는가.

명明 만력萬曆 9년(1581) 겨울,
사문 지각智覺[23]이 정업당淨業堂에서 교감 상재하다.

四敎儀緣起

宋修僧史僧統贊寧通惠錄云。唐末吳越錢忠懿王。治國之暇。究心內典。因閱永嘉集。有同除四住。此處爲齊。若伏無明。三藏則劣之句不曉。問于雪居韶國師。乃云天台國淸寺。有寂法師。善弘敎法。必解此語。王召法師至詰焉。法師曰。此天台智者大師妙玄中文。時遭安史兵殘。近則會昌焚毀。中國敎藏殘

宗集」50권, 『이사구의二師口義』15권 등의 저서를 남겼다.
22 만 명의~벗은 것 : 『금광명경』「유수장자품流水長者子品」에 나오는 일화. 유수 장자의 아들이 물이 말라 죽을 위기에 처한 물고기 1만 마리를 살려 주며 대승경전을 설하니 물고기들이 죽어서 도리천에 태어났다는 것.
23 지각智覺 : 진각眞覺의 다른 이름.

闕殆盡。今惟海東高麗。闡敎方盛。全書在彼。王聞之慨然。卽爲遣國書贄幣。使高麗求取一家章疏。高麗國君。乃勅僧曰。諦觀者。報聘以天台敎部。還歸于我。觀旣至。就稟學寂公。于螺溪終焉。大敎至是重昌矣。觀能探索大本。錄出四敎儀之文。成二卷。其上卷明一家判敎立義。下卷明南北諸師宗途異計。後至孤山圓法師校勘刊板。但行今上卷之文者。蓋由辭句簡要。義旨易明。學者誠資之。可了其一化大綱。豈曰小補之哉。下卷則破斥南北古師。文義浩漫故。得以緩之。如此文末指云。自從此下。略明諸家判敎儀式。抑可見後卷之大略也。王爲寂師。建伽藍。螺溪之上。曰定慧院。進號淨光大師。追諡九祖。幷東還敎藏。悉付於師。敎門中興。實基於此。而詔公適與智者同姓。乃又毘賛宗乘。且居隣佛隴。人咸疑其爲智者後身云。四明草菴法師。道因敎苑遺事云。昔智者禪師。糓放生池於海涯。其放之也。必爲授歸戒。說大法然後。縱之海中。智者滅後。至唐末中國天台之道浸息。而海東高麗新羅諸國。盛弘此敎。扶宗繼忠法師云。智者緣在此方。而敎敷于海東者。此必放生池中。諸魚聞敎稟戒報生者爾然。聞此說者。頗譏以爲誕。殊不知敎理有憑也。流水十千天子。卽脫魚報。豈外此乎。

明萬曆九年冬。沙門智覺。於淨業堂校梓。

각천태사교의인 刻天台四教儀引

●

　지난 해 졸원拙園[24]이 낙성되어 그 집 이름을 정업당淨業堂이라 하였다. 숙병으로 누워 있는 여가를 틈타 3,4명의 청정한 도반을 따라 관문을 닫고 하안거에 들어갔다. 그곳에서는 세 차례 예불을 일과로 하고 서방에 왕생하기를 구하며, 좌선·분향하고 대장경을 연구하였다. 종소리 경쇠소리 간간이 울리고 흰 구름 잠깐씩 머물며, 새는 낮게 날아 사람들과 친근하고 풀은 무성하게 자라 다닐 길이 없었다. 근심(䘏)[25]은 높은 대궐에 남겨 두고 몸은 한수漢水 남쪽에서 쉬니 마음이 기쁘고 무척 상쾌할 따름이었다.

　진각眞覺[26]이라는 승려가 무림武林[27]에서 와서 나에게 천태

24　졸원拙園 : 자신의 정원을 겸사로 표현한 것. 졸이란 묘하지 못하다는 의미.
25　원문의 '䘏' 자는 자전에 나오지 않는 글자로서 의미가 분명치 않아 '悇(근심할 유)'로 바꾸어 해석하였다.
26　진각眞覺 : 1537~1589. 명대의 승려로서 천송 명득千松明得을 사사하여 백송百松이라는 호를 썼다. 박학하고 천태교학에도 밝아 국청사의

의 학문(『천태사교의』)을 추천하였다. 나는 고개를 끄덕이고 10여 일을 머물게 하며 (천태) 교관教觀의 요지를 분석하였다. 나는 이에 깨달아 들어감이 있어서 마침내 부처님 전에 합장하고 발원하였다. "세세토록 천태종을 받들어 펴서 불국토를 청정하게 하겠습니다." 청정한 도반들도 같이 발심하여 영원토록 반려가 되기로 하였다.

천태교의 원류는 사명四明의 지반志磐[28] 공이 찬술한 『불조통기佛祖統紀』에 실려 있다. 『천태사교의』는 고려 사문 제관이 『법화현의』의 글을 추출하여 기록한 것이다. 책은 모두 두 권으로서 상권은 (천태종) 일가의 교판의 의미를 밝혔고 하권은 남북 여러 논사들의 종지宗旨에 대한 다른 견해들을 밝혔는데 지금 전하는 것은 상권뿐이다. 말은 간략하지만 뜻은 다 갖추어 있으니 실로 천태교학의 관건이 된다. 공부하는 이가 이것을 이해하면 (부처님의) 일대 교화의 대강을 반 이상 알게 될 것이다. 남천축사南天竺寺의 사문 몽윤蒙潤[29]에게 『집주集註』 3

요청을 받고 『법화현의』를 강의하기도 하였다.

27 무림武林: 절강성浙江省 항주杭州의 서쪽에 있는 산. 이 산 때문에 항주를 무림이라고 부르기도 한다.

28 지반志磐: 남송 시대의 승려. 사명四明의 복천사福泉寺에 머물면서 천태교관을 익혔는데 그가 저술한 『불조통기佛祖統紀』 54권은 천태종 정통의 사서史書로 인정된다.

29 몽윤蒙潤: 1275~1342. 원대의 천태종 승려로서 항주杭州의 남천축사南天竺寺에서 종풍을 크게 떨쳤다. 『사교의집주四教儀集註』 3권, 『사교

권이 있는데 핵심을 밝히고 있어서 기뻐할만하다. 가까운 오중吳中[30]에 판각본이 있다.

관문關門을 닫은 지 두 달이 지나 (하안거를 마치고) 나오니 다시 세속의 그물에 얽혀 정계淨戒를 지킬 수 없어 술과 고기를 먹고 처자를 가까이하게 되었다. 마치 이전에 어리석은 나그네가 타향에서 헤매고 있는데, 어느 날 어떤 이가 "자네 집은 모처에 있으니 부형父兄과 일족, 묘지와 전택田宅 등 여러 가지를 기억해야 할 것이네." 하고 말해 준 것과 같다. 그 나그네가 (타향에) 머물러 있어서 갑자기 돌아가지는 못한다 해도 어찌 타향 사람이 될 수 있겠는가. 올 봄에 나는 또 명을 받아 청산青山을 버리고 갈 날이 며칠 남지 않았는데 이로 인해 예전의 뜻을 떠올렸다. 재물을 희사하여 『천태사교의』 1권을 과문科文과 함께 인각하여 세상에 유행시키니, 뜻을 같이 하는 사람들이 마침내 관문을 통과하는 열쇠를 잡아서 바다와 같은 대장경을 궁구할 수 있도록 한 격이다. 이리하여 일가의 교관教觀이 해가 중천에 뜬 것처럼, 물이 골짜기에 이른 것처럼 (융성하게) 된다면 내가 타향에 머물러 있지만 이를

의집주과문四教儀集註科文』 1권 등 『천태사교의』에 대한 주석서를 찬술하였다.
30 오중吳中 : 천태산이 있는 절강성의 북쪽과 인접한 강소성江蘇省에 있는 도시. 춘추 시대 오吳의 수도였다.

빌려서 참회하는 것이 되리니, 힘쓰고 힘쓸지어다.

임오년(1582) 봄 불환희일佛歡喜日[31]에 병석의 거사 풍몽정馮夢禎[32]이 찬하다.

刻天台四教儀引
客歲拙園成。名其堂曰淨業。屬臥痾餘日。因從三四淨侶。掩關結夏。其中三時禮課。求生西方。宴坐焚香。研精藏典。鐘磬間發。白雲乍留。鳥低飛而親人。草蔓生而沒徑。袂遺巍闕。機息漢陰。意欣欣甚適也已。僧眞覺者。自武林來。進余以天台之學。余首肯焉。爲留旬日。剖析教觀大旨。余若有悟入者。遂合掌佛前。願世世奉揚台宗。淨佛國土。蓋淨侶同時發心。永爲主伴矣。台敎源流。具四明磐公所譔佛祖統紀。而四敎儀者。則高麗沙門諦觀。稟法華玄文。而錄出者也。書凡二卷。上卷明一家判教之義。下卷明南北諸師宗途異計。今所傳者。上卷

---

31 불환희일佛歡喜日 : 보통 하안거를 마치는 유력 7월 15일을 말하지만 앞에 나온 '봄'이라는 말을 고려하면 동안거 해제일인 정월 보름을 가리키는 듯하다.
32 풍몽정馮夢禎 : 1548~1595. 명 만력 연간에 국자감國子監 좨주祭酒까지 오른 재가불자로서 대장경을 인각하였다. 평소 선승들과 교유하기를 좋아하다가 운서 주굉雲棲袾宏에게 보살계를 받았고 염불삼매와 사경 등의 수행을 하였다.

耳。言約義該。實爲台敎之關鑰。學者了此。則一化大綱。思過半矣。南天竺沙門蒙潤。有集註三卷。亦精核可喜 近吳中有刻本焉。掩關凡兩月。旣出則復濫世罔。遂不能保淨戒。啖酒肉近妻子。如曩時客有幼。迷於他鄕者。一旦人告之曰。子之家在某所。父兄宗族墳墓田宅種種可念也。其人卽留滯。不能遽返。豈作他鄕人哉。今歲春。余且以一命。棄靑山行有日矣。因追前志。捨貲刻四敎儀一卷幷科文。行于世。同志者。其遂執鑰洞關。以窮海藏。令一家敎觀。如日輪當午。川流赴壑。卽余留滯他鄕。可藉以懺悔矣。其勉之哉。其勉之哉。

壬午春。佛歡喜日。病居士馮夢禎譔。

표 1 | 천태종의 계보

고조高祖 용수보살龍樹菩薩(150~250경) : 『중론』, 『대지도론』
제2조 북제 혜문慧文(6세기)   : 일심삼관一心三觀
제3조 남악 혜사南岳慧思(515~577)   : 일심삼관, 법화삼매法華三昧
      - 백제 현광玄光
제4조 천태 지의天台智顗(538~597)   : 천태삼대부天台三大部 등 천태 교리 조직
제5조 장안 관정章安灌頂(561~632)   : 천태 교리 결집結集
제6조 법화 지위法華智威(?~680)
제7조 천궁 혜위天宮慧威(634~713)
제8조 좌계 현랑左溪玄朗(673~754)
제9조 형계 담연荊溪湛然(711~782)   : 천태삼대부 주석註釋, 천태종 부흥
제10조 흥도 도수興道道邃(8~9세기)
      - 일본 천태종 개조開祖 사이초(最澄, 767~822)
제11조 지행 광수至行廣修(?~843)

제12조 정정 물외正定物外(?~885)
제13조 묘설 원수妙說元琇
제14조 고론 청송高論淸竦
    - 자광 지인慈光志因 - 자광 오은慈光晤恩 - 봉선 원청奉先源清
    - 고산 지원孤山智圓(976~1022) : 『천태사교의』 간행
제15조 나계 의적螺溪義寂(919~987)
    - **제관 법사** : 『천태사교의』 저술
제16조 보운 의통寶雲義通(927~988)
제17조 사명 지례四明知禮(960~1028)
    - 남병 범진南屛梵臻 - 자변 종간慈辯從諫 - 대각 국사 의천義天

천태사교의

고려 사문 제관

제1장 오시팔교의 개설

진陳과 수隋의 국사인 천태 지자 대사智者大師[33]께서 동쪽으로 흘러온 부처님 일대의 가르침을 오시와 팔교로써 남김없이 다 판단하고 해석하였다. 오시五時란 첫 번째 화엄시, 두 번째 녹원시[사아함을 설함.], 세 번째 방등시[『유마경』,『사익경』,『능가경』,『능엄삼매경』,『금광명경』,『승만경』 등을 설함.], 네 번째 반야시[『마하반야』,『광찬반야』,『금강반야』,『대품반야』 등 여러 반야부 경전을 설함.], 다섯 번째 법화열반시를 말한다. 이를 오시라고 하며 오

---

33 지자 대사智者大師 : 천태종의 실질적 개조인 지의智顗(538~597)의 시호, 흔히 천태 대사天台大師로 불린다. 중국 남북조 시대에 양梁 치하의 형주荊州 화용현華容縣에서 태어나 18세에 출가. 23세에 광주光州 대소산大蘇山의 혜사慧思 문하에 들어가 수행 끝에 7년 만에 깨달음을 얻고 38세에는 천태산에 입산하여 8년 만에 대오했다. 그가 『법화경』을 근간으로 삼고 설한 『법화현의』,『법화문구』,『마하지관』 등 천태삼대부天台三大部는 천태교학의 핵심을 이룬다. 지의가 교관겸수教觀兼修를 주창하였으므로 수행 이론이 잘 조직되어 있으며 오시팔교의 교판教判도 유명하다. 남조의 마지막인 진陳(557~589) 왕조와 남북을 통일한 수隋(581~618) 황제가 그에게 귀의하였다.

미五味라고도 부른다.

팔교八敎란 돈교·점교·비밀교·부정교와 장교·통교·별교·원교를 말한다. 돈교 등 사교는 교화의 형식(化儀)이니 마치 세상의 약 처방과 같고, 장교 등 사교는 교화의 내용(化法)이니 마치 약의 맛을 구별하는 것과 같다. 이러한 이치는 여러 가지 글에 산재해 있으나 지금은 대본大本[34]에 의거하여 강요綱要를 간략히 기록한다.

陳隋國師天台智者大師。以五時八敎。判釋東流一代聖敎。罄無不盡。言五時者。一華嚴時。二鹿苑時【說四阿含】。三方等時【說維摩思益棱伽棱嚴三昧金光明勝鬘等經】。四般若時【說摩訶般若光讚般若金剛般若大品般若等諸般若經】。五法華涅槃時。是爲五時。亦名五味。言八敎者。頓漸祕密不定藏通別圓。是名八敎。頓等四敎是化儀。如世藥方。藏等四敎名化法。如辨藥味。如是等義。散在廣文。今依大本。略錄綱要。

---

34 대본大本 : 큰 분량의 책이라는 말인데 여기서는 천태 대사가 설한 『법화현의法華玄義』 10권을 말한다.

표 2 ▮ 『천태사교의』의 구조

교상문 敎相門	화의사교化儀四敎와 오시五時	돈교頓敎	제1 화엄시
		점교漸敎	제2 녹원시
			제3 방등시
			제4 반야시
		(비돈비점非頓非漸)	제5 법화열반시
		비밀교	
		부정교	
	화법사교化法四敎	장교藏敎	
		통교通敎	
		별교別敎	
		원교圓敎	
관심문 觀心門	방편행方便行	25방편	
	정수행正修行	십승관법十乘觀法	

제2장 화의사교와 오시

먼저 오시의 다섯 가지 맛과 화의사교化儀四敎를 분별한 뒤에 장교·통교·별교·원교(의 의미)를 내놓겠다.

初辨五時五味及化儀四敎。然後出藏通別圓。

1. 돈교와 제1 화엄시

첫 번째 돈교頓敎란 바로 『화엄경』을 말한다. 경전(部)과 설해진 때(時)와 맛(味) 등에 따라 돈교라는 이름을 얻었다. 여래께서 처음 정각正覺을 이루고 적멸도량寂滅道場에 계실 때 41계위[35]에 있는 법신 대사法身大士[36]와 숙세에 근기가 무르익은 천

---

35 41계위 : 『화엄경』에 나오는 보살의 계위로서 십주十住·십행十行·십회향十迴向·십지十地 및 등각위等覺位를 말한다.
36 법신 대사法身大士 : 대사란 'mahā-sattva(마하살)'의 번역으로서 불보

룡팔부天龍八部 등이 일시에 주위를 둘러싸니 마치 구름이 달을 감싼 듯하였다. 그때 여래께서 노사나신盧舍那身[37]을 나타내어 원만수다라圓滿修多羅[38]를 설하셨으므로 돈교라고 한다. 그러나 (청중들의) 근기(機)와 설법내용(敎)에 의거하면 방편(權)[39]을 겸한 것임을 면할 수 없다. 즉 "처음 보리심을 일으켰을 때 곧 정각을 이룬다."[40] 등의 문장은 원교를 이해할 수 있는 근기(圓機)를 위하여 원교를 설한 것이지만 곳곳에서 (수행의) 차례를 늘어놓은 것[41]은 방편이 필요한 근기(權機)를 위하여 별교를 설한 것이다. 그러므로 경전에 의거하면 돈교가 되지만 설법 내용에 의거하면 '겸하고 있는 것(兼)'이라고 부른다.

살의 통칭으로도 쓰이며 흔히 대보살의 뜻으로 쓰인다. 법신 대사란 무명을 깨뜨리고 본래 갖추고 있는 법신 혹은 법성신法性身이 드러난 대보살이란 의미로 원교圓敎에서 초주初住 이상의 보살을 지칭한다.

37 노사나신盧舍那身 : 화엄경을 설하는 교주로서 보신報身을 말한다. 천태종에서는 비로자나불을 법신法身, 노사나불을 보신, 석가모니불을 응신應身(化身)에 배대하는데 이 셋의 체는 하나라고 한다.

38 원만수다라圓滿修多羅 : 수다라는 경經을 의미하는 범어 수트라(sūtra)의 음사이고 원만圓滿이란 빠진 것이 없이 모두 다 갖추었다는 의미로서 부처님께서 원교圓敎를 설하셨음을 말한다.

39 방편(權) : 진실(實)의 상대이로서 참된 궁극의 가르침으로 인도하기까지 중간에 사용하는 여러 가지 교화 수단을 말한다. 선교방편善巧方便이라는 말이 많이 사용된다.

40 『화엄경』 권8 「범행품梵行品」(T9, 449c). 구역인 60화엄에 의거함.

41 원교를~늘어놓은 것 : 보살의 수행 단계로서 십주를 비롯하여 41계위를 설한 것 등을 말한다.

이 경전에서 "비유하면 해가 뜨면 먼저 높은 산을 비추는 것과 같다[제1시]."[42]고 하였다. 『열반경』에서는 "비유한다면 소에서 우유가 나오는 것과 같다."[43]고 설하는데 이는 부처님으로부터 12부경部經[44]이 나왔음[제1 우유맛]을 밝히는 것이다. 『법화경』「신해품」에서 "곧 곁의 사람을 보내어 급히 뒤따라가 데리고 오도록 하였더니······거지가 된 아들은 깜짝 놀라 원망하며 크게 부르짖었다."[45]고 한 것 등이다. 이것은 어떤 의미를 갖는가?

답 성문들이 자리에 있었으나 귀머거리나 벙어리와 같았다는 것 등이다.

---

42 『화엄경』 권34 「보왕여래성기품寶王如來性起品」(T9, 616b).
43 『대반열반경』 권13 「성행품聖行品」(T12, 690c). 남본인 36권본에 의거함.
44 12부경部經 : 불교 경전을 내용과 문체, 설법 형식 등을 기준으로 열두 가지로 분류한 것. ① 계경契經(sūtra : 뜻을 완전히 갖춘 경문), ② 고기송孤起頌(gāthā : 운문체의 설법. 게송이라고도 함.), ③ 중송重頌(geya : 앞에서 설한 내용을 운문으로 거듭 설한 것), ④ 미증유법未曾有法(adbhuta-dharma : 범부들은 경험하지 못한 신기한 일), ⑤ 여시어如是語(itivṛttaka : 경전의 첫 머리에 나오는 "이와 같이"라는 말), ⑥ 인연因緣(nidāna : 경을 설하게 된 동기), ⑦ 비유譬喩(avadāna), ⑧ 본생本生(jātaka : 전생 이야기), ⑨ 논의論議(upadeśa : 법을 풀이한 것), ⑩ 무문자설無問自說(udāna : 다른 이의 질문 없이 부처님 스스로 설한 것), ⑪ 수기授記(vyākataṇa : 성불할 것을 증명한 것), ⑫ 방광方廣(vaipulya : 법의 심오한 의미를 설한 것).
45 『묘법연화경』 권2 「신해품信解品」(T9, 16c).

第一頓教者。卽華嚴經也。從部時味等。得名爲頓。所謂如來初成正覺。在寂滅道場。四十一位。法身大士。及宿世根熟。天龍八部。一時圍繞。如雲籠月。爾時如來。現盧舍那身。說圓滿修多羅。故言頓敎。若約機約敎。未免兼權。謂初發心時便成正覺等文。爲圓機說圓敎。處處說行布次第。則爲權機說別敎。故約部爲頓。約敎名兼。此經中云。譬如日出先照高山【第一時】。涅槃云。譬如從牛出乳。此從佛出十二部經【一乳味】。法華信解品云。卽遣傍人。急追將還。窮子驚愕。稱怨大喚等。此領何義。答諸聲聞在座。如聾若瘂等是也。

2. 점교

두 번째 점교漸敎란 다음과 같다【이 아래 세 시기의 세 가지 맛은 모두 점교라고 부른다.】.

第二漸敎者【此下三時三味。摠名爲漸】。

1) 제2 녹원시

(돈교를 설한) 다음에 삼승三乘[46]의 근기와 성품을 가진 이

들에게 돈교로는 이익이 없으므로 적멸도량에서 움직이지 않은 채 녹야원鹿野苑으로 가셨다. 노사나신의 고귀한 옷[47]을 벗고 1장 6척의 해지고 때 묻은 옷[48]을 입은 뒤 도솔천에서 내려와 마야부인의 태에 의탁하여 머물다가 태어나는 모습을 보였다. 아내를 맞아들여 아들을 낳고 출가하여 고행을 하다가 6년이 지난 뒤에 나무보리수[49] 아래에서 풀로 자리를 삼고 열응신劣應身[50]을 이루셨다. 처음 녹야원에 있으면서 먼저 다섯

---

46 삼승三乘 : 성문승聲聞乘·연각승緣覺乘·보살승菩薩乘의 세 가지 가르침을 말한다. 승乘이란 범어 야나(yāna, 수레)의 번역으로서 가르침대로 수행하면 수레를 탄 것처럼 목적지에 이를 수 있으므로 부처님의 가르침을 수레에 비유한 것이다. 부처님의 육성을 들은 제자를 말하는 성문들은 윤회를 벗어나 아라한에 이르는 것이 목표이므로 사성제四聖諦가 성문승의 교법이 되고 인연법칙을 깨달아 벽지불에까지 오르는 연각승의 근기에게는 십이인연설이, 중생구제를 하여 부처에 이르려는 보살들에게는 육바라밀의 가르침이 주된 교법의 내용이 된다.

47 노사나신의~옷 : 오랜 수행을 통해 과보로 얻게 된 몸으로서 32상 80종호 등 진귀한 형상을 갖춘 노사나신(보신)을 옷으로 비유한 것. 보신은 법신·응신과 함께 부처를 이루는 삼신의 하나이다.

48 1장~옷 : 부처님이 사바세계의 중생을 교화할 때는 성불 때 얻은 성스럽고 진귀한 보신을 감추고 일반인들의 모습으로 나타난다고 한다. 이를 열응신劣應身이라 하는데 그 키는 1장 6척이라고 하여 흔히 '장육신丈六身'이라고 부른다. 이 키는 당시 성인들의 평균 신장보다 두 배 크지만 보신에 비해 한결 열등하므로 '해지고 때 묻은 옷'이라고 비유하였다.

49 나무보리수 : 석가모니가 성도한 보리수를 일반인들의 눈으로 보면 그냥 나무일 뿐이라는 의미. 통교 이상의 법에 응할 수 있는 근기들의 눈에 비치는 '칠보로 된 보리수'에 상대된다.

50 열응신劣應身 : 범부들이 볼 수 있는 부처님의 몸을 응신 또는 화신이

명[51]을 위해 사성제四聖諦와 십이인연, 현실적인 육바라밀(事六度)[52] 등의 가르침을 설하였다. 이를 시기에 맞추어 보면 해가 깊은 골짜기를 비추는 때이다【제2시】. 맛에 맞추어 보면 우유에서 유즙(酪)이 나온 것이니 이는 12부경에서 9부경[53]이 나오는 것과 같다【제2 유즙의 맛】. 「신해품」에 "방편으로써 형색이 초라하고 위엄과 덕이 없어 보이는 두 사람【성문과 연각】을 몰래 보내면서 '그대들이 저 거지에게 가서 똥 치는 사람으로 고용하겠다고 천천히 말해 보라'고 말하였다."고 하였다. 이것은 무슨 의미를 갖는가?

답 돈교를 설한 이후에 삼장교를 설하였음을 말하는 것이다.

라고 하는데 여기에는 두 가지가 있다. 외형이 일반인과 거의 같고 다만 키가 1장 6척으로 클 뿐인 열응신과, 똑같이 장육신이지만 신통변화를 자유로이 나타내는 승응신勝應身이 그것이다. 열응신은 장교의 교주로서 범성동거토凡聖同居土에 거주하고 승응신은 통교의 교주로서 방편유여토方便有餘土에 거주한다고 한다.

51 다섯 명 : 출가한 싯다르타 태자를 따라다니며 시중들다가 태자가 고행을 버리자 따로 떨어져 수행하던 교진여 등 다섯 사람을 가리킨다. 이들은 녹야원에서 부처님의 첫 설법을 듣고 최초의 비구 제자가 된다.

52 사육도事六度 : 육도六度는 육바라밀의 옛 번역. 보시·지계 등을 외형 그대로 실천하는 것을 사육노라 하고, 육바라밀의 본질은 공空이라는 이치를 알아서 무애자재하게 실천하는 것을 이육도理六度라고 한다. 장교에서는 사육도, 통교에서는 이육도를 설한다.

53 9부경部經 : 불경을 아홉 가지로 분류한 것인데 여러 가지 설이 있다. 『법화경』의 「방편품」에 따르면 12부경 가운데 방광·수기·무문자설의 세 가지를 뺀 것으로 소승경전이 이에 해당한다.

"20년 동안 항상 똥을 치게 하였다."[54]는 것은 견혹見惑과 사혹思惑[55]의 번뇌 등을 깨뜨리게 하였다는 뜻이다.

次爲三乘根性。於頓無益故。不動寂場而游鹿苑。脫舍那珍御之服。著丈六弊垢之衣。示從兜率降下託摩耶胎。住胎出胎。納妃生子。出家苦行。六年已後。木菩提樹下。以草爲座。成劣應身。初在鹿苑。先爲五人。說四諦十二因 緣事六度等敎。若約時則日照幽谷【第二時】。若約味則 從乳出酪。此從十二部經。出九部修多羅【二酪味】。信解品云。而以方便 密遣二人【聲聞緣覺】。形色憔悴。無威德者。汝可詣 彼。徐語窮子。雇汝除糞。此領何義。答次頓之後。說三藏敎。二十年中。常令除糞。即破見思煩惱等義也。

---

54 『묘법연화경』 권2 「신해품」(T9, 17a).
55 견혹見惑과 사혹思惑 : 지적인 번뇌를 견혹, 감성적인 번뇌를 사혹이라고 하며 견혹은 공空을 깨치면 순간적으로 끊어지므로 견도소단見道所斷의 번뇌라 하고 사혹은 깨달은 이후에도 점차 닦아서 끊어야 하는 수도소단修道所斷의 번뇌이므로 수혹修惑이라고도 한다. 두 가지 모두 사성제를 몰라서 일어나는 것이므로 한데 묶어서 견사혹見思惑이라고 부른다.

2) 제3 방등시

다음으로는 방등부方等部[56] 경전을 밝히셨는데 『정명경淨名經』[57] 등의 경전이 그것이다. 여기서는 (소승이) 편벽되고 작은 것을 힐책하여 억누르고 (대승이) 크고 원만한 것을 칭찬한다. (장·통·별·원) 사교를 함께 설하는데 장교는 반자교半字敎[58]가 되고 통교와 별교와 원교는 만자교滿字敎가 된다. 반자교에 상대하여 만자교를 설하므로 대교對敎라고 부른다. 시기에 맞추어 보면 식사를 할 때[제3시]가 되고 맛에 견주면 유즙에서 생연유(生酥)가 나온 것이니 이는 9부경에서 방등경이 나온 것과 같다[제3 생연유 맛(生酥味)]. 「신해품」에서 "이것이 지난 이후에는 서로 마음으로 믿게 되어 출입하는 데 어려움이 없었지만 그가 머무는 곳은 여전히 본래의 처소였다."고 하였

---

56 방등부方等部 : 바르고 심오한 뜻을 설명한 경전이라는 의미로 대승경전을 지칭하는 말이다. 그러나 오시 가운데 방등시에 설해진 경전이라고 할 때 특히 『유마경』, 『승만경』 등 소승을 질타하고 대승을 찬양한 경전을 가리킨다.
57 『정명경淨名經』 : 『유마경』을 말한다. 유마 거사의 이름 유마힐維摩詰은 범어 Vimalakīrti(청정한 명성)를 음사한 것이고 이를 번역한 것이 정명淨名 혹은 무구칭無垢稱이다.
58 반자교半字敎 : 초보적인 가르침으로서 소승인 장교를 가리키며 대승을 뜻하는 만자교滿字敎에 상대되는 말이다. 반자와 만자는 『열반경』에 나오는 비유인데 글자를 이루기 위한 기초로서 자음과 모음은 반자라 하고 두 가지가 합하여 완전한 하나의 글자를 이룬 것을 만자라고 한다.

다. 이것은 무슨 의미를 갖는가?

답 삼장교 다음으로 방등 경전을 설하니 이미 도과道果[59]를 얻어서 서로 마음으로 믿게 되었음을 말한다. 그리하여 꾸짖음을 들더라도 화를 내지 않으며 안으로 부끄러워하는 마음을 품어서 마음이 점차 순박하고 맑아졌다는 것을 의미한다.

次明方等部。淨名等經。彈偏折小。歎大褒圓。四敎俱說。藏爲半字敎。通別圓爲滿字敎。對半說滿。故言對敎。若約時則食時【第三時】。若約味則從酪出生酥。此從九部出方等【三生酥味】。信解品云。過是已後。心相體信。入出無難。然其所止。猶在本處。此領何義。答三藏之後。次說方等。已得道果。心相體信。聞罵不瞋。內懷慚愧。心漸淳淑。

3) 제4 반야시

다음으로는 반야부 경전을 설하여 교법을 전하고(轉敎)[60] 재물을 넘겨주어 융통하고 도태(融通淘汰)[61]하도록 하였다. 이

---

59 도과道果 : 도를 닦아서 얻은 과보라는 의미. 성문의 경우 수다원·사다함·아나함·아라한의 성인聖人 사과를 말한다.
60 전교轉敎 : 『마하반야바라밀경』 등에서 수보리 등 성문 제자들이 부처님의 가피를 입어 보살들에게 반야법문을 대신 설한 것을 말한다.

반야부 경전에서는 장교는 설하지 않으며, 통교와 별교를 겸하지만 원교를 주로 설한다. 시기에 의거하면 정오에 가까운 때(禺中)【제4시】이고, 맛에 의거하면 생연유에서 익은 연유(熟酥)가 나온 것이다. 이는 방등 다음에 마하반야가 나오는 것과 같다【제4 익은 연유 맛(熟酥味)】. 「신해품」에 "이때 장자가 병이 들어 오래지 않아 죽을 것을 알고 거지 아들에게 '내게는 지금 금은진보가 많이 있어서 창고가 가득 찼으니 그 많고 적음과 받을 것 줄 것을 네가 모두 관장하여라' 하고 말하였다."고 하였다. 이것은 무슨 의미를 갖는가?

답 방등 이후에 반야를 설한 것을 말하는 것이다. 반야로 관하는 지혜가 바로 '가업家業'에 해당하고 수보리와 사리불이 명을 받들어 가르침을 전한 것이 바로 '맡아서 관장하는 것'이 된다.

이상의 세 가지 맛은 화엄시가 돈교인 것에 상대가 되기 때문에 모두 점교라고 부른다.

次說般若。轉敎付財。融通淘汰。此諸部般若中。不說藏敎。帶

---

61 융통도태融通淘汰 : 융통이란 화합하여 회통시키는 것이고, 도태란 일어서 나쁜 것을 가려내는 것을 말한다. 반야부 경전에서는 대승과 소승의 분별은 참된 것이 아님을 밝혀 원융하게 회통시켰고, 이를 통해 법에 대한 집착을 없애므로 도태라고 한다.

通別二。正說圓敎。約時則禺中時【第四時】。約味則從生酥出熟酥。此從方等之後。出摩訶般若【四熟酥味】。信解品云。是時長者有疾。自知將死不久。語窮子言。我今多有金銀珍寶。倉庫盈溢。其中多少。所應取與。汝悉知之。此領何義。答明方等之後。次說般若。般若觀慧卽是家業。空生身子受勅轉敎。卽是領知等也。已上三味。對華嚴頓敎。摠名爲漸。

3. 비밀교

세 번째로 비밀교秘密敎란 다음과 같다. 앞의 4시에서 설하는 가운데 여래의 삼륜三輪[62]이 불가사의하여 이 사람을 위하여 돈교를 설하기도 하고 저 사람을 위하여 점교를 설하기도 하니 피차간에 서로 내용은 모르지만 이익을 얻을 수 있기 때문에 비밀교라고 한다.

第三祕密敎者。如前四時中。如來三輪不思議故。或爲此人說

---

[62] 삼륜三輪 : 부처님께서 중생을 교화할 때 작용하는 삼업을 전륜성왕의 윤보輪寶에 비유한 것이다. 즉 신업으로 신통을 나타내어 중생을 교화하는 신통륜, 구업으로 교법을 설하여 교화하는 설법륜, 의업으로 중생의 마음을 다 알아서 그에 맞추어 교화하는 기심륜記心輪을 말한다.

頓。或爲彼人說漸。彼此互不相知。能令得益。故言祕密敎。

4. 부정교

네 번째로 부정교不定敎라고 하는 것은 다음과 같다. 부처님께서 역시 앞의 네 가지 맛 가운데 한 소리로 법을 설하시지만 중생들은 부류에 따라 각각 달리 이해한다. 이는 여래의 불가사의한 능력으로 중생들이, 점교로 설하는 가운데 돈교의 이익을 얻고 돈교로 설하는 가운데 점교의 이익을 얻도록 하기 때문이다. 이처럼 이익을 얻는 것이 같지 않으므로 부정교라고 부른다.

그러나 비밀교와 부정교에서 전해지는 의미와 이치는 다만 장교·통교·별교·원교일 뿐이다. 화의사교는 여기서 마친다.

第四不定敎者。亦由前四味中。佛以一音演說法。衆生隨類各得解。此則如來不思議力。能令衆生。於漸說中得頓益。於頓說中得漸益。如是得益不同故。言不定敎也。然祕密不定二敎。敎下義理。只是藏通別圓。化儀四敎齊此。

5. 제5 법화열반시

1) 법화시

다음에는 『법화경』을 설하여 앞의 돈교와 점교를 열어서 돈교도 아니고 점교도 아닌 것으로 합쳐 들어가게 하였다. 그러므로 '방편을 열어 진실을 드러낸다(開權顯實)'고 하고 '방편을 없애서 진실을 세운다(廢權立實)'고 하며 '3승을 모아 1승으로 돌아간다(會三歸一)'고도 하는 것이다. 방편(權)과 진실(實)이라는 것은, 명칭은 지금(법화시)과 이전(전前 4시)에 공통되지만 의미는 같지 않다. 즉 법화시 이전에는 방편과 진실이 같지 않고 큰 것과 작은 것이 서로 떨어져 있었다. 예를 들어 『화엄경』의 일부는 방편이고 일부는 진실인데【원교는 진실, 별교는 방편】 각각이 상즉相卽하지 않으며 큰 것은 작은 것을 받아들이지 않는다. 그러므로 작은 것(소승의 근기)이 비록 자리에 있었지만 귀머거리나 벙어리와 같았다. 이리하여 설해진 법문이 비록 광대하고 원만하지만 근기를 모두 포함하지 못하므로 여래께서 세상에 나오신 본뜻을 펼치지 못하였다. 무슨 까닭인가?

첫 시기(에 설해진) 돈교 경전에는 하나의 거칢【별교】과 하나의 묘함【원교】이 있는데 묘한 내용은 법화와 둘이 아니고 다른 것이 아니지만 거친 부분은 법화에서 열어 모으고(開會) 폐하여 마치기(廢了)를 기다려서야 비로소 묘하다고 칭할 수 있다. 녹원시는 거친 내용뿐이고 묘함이 없다【장교】. 다음 방등시는 세 가지가 거칠고【장교·통교·별교】 한 가지는 묘하며【원교】, 반야시는 두 가지는 거칠고【별교와 통교】 한 가지는 묘하다【원교】. 『법화경』을 설하는 법회(會上)에서 앞의 네 가지 맛의 거칢을 모두 열어 모으고 폐하여 일승一乘의 묘함을 이루도록 하였다. 여러 맛 가운데 (설해진) 원교는 다시 열 필요가 없으니, 본래 스스로 원융하여 열기를 기다리지 않아도 되기 때문이다. 다만 이들은 경전 안에서 겸兼·단但·대對·대帶의 섞임[63]이 있으므로 순일하여 섞임이 없는 『법화경』에는 미칠 수 없다. (『법화경』만이) 홀로 묘하다는 이름을 얻은 이유는 진실로 이 때문이다. 그러므로 경문에 "시방의 불국토 가운데에는 오직 일승법만 있을 뿐 이승도 삼승도 없다."[64]【하나의 가르침(敎一)】 "곧바로 방편을 버리고 무상도無上道만을 설한다."[65]【하나

---

63 겸兼·단但·대對·대帶의 섞임 : '겸兼'이란 화엄시에서 원교를 설하면서 '겸하여' 별교를 설하는 것이고 '단但'이란 아함시에서 '다만' 장교만을 설하는 것을 말한다. '대對'란 방등시에서 장·통·별·원의 사교를 모두 설하면서 대승과 소승을 '대립'시키고 있는 것을 가리키고 '대帶'란 반야시에서 원교를 설하되 통교와 별교를 '대동하여' 설하는 것을 의미한다.
64 『묘법연화경』 권1 「방편품方便品」(T9, 8a).
65 위와 같은 품(T9, 10a).

의 수행(行一)】 "보살들을 위할 뿐 소승을 위하지 않으며"[66]【하나의 수행인(人一)】 "세간의 상相은 상주한다."[67]【하나의 이치(理一)】고 한 것이다.

요즘 사람들은 『법화경』의 오묘한 뜻을 알지 못한 채 경전 중에 세 가지 수레와 가난한 아들과 요술로 만든 성 등의 비유[68]가 있는 것만을 보고 다른 경전에 미치지 못한다고 말한다. 이는 대개 전 4시의 방편을 거듭 들어 보인 뒤 홀로 큰 수레를 드러내고 가업을 맡기며 보배가 있는 곳에 이르게 함[69]을 모르기 때문에 비방하는 허물에까지 이르게 된 것이다. 시기에 의거하면 해가 정오를 만난 것이어서 조금도 기울어진 그림자가 없다【제5시】. 맛에 의거하면 익힌 연유에서 제호醍醐[70]가 나온 것이니 이는 마하반야로부터 법화가 나오는 것이다【제5 제호미】. 「신해품」에 "친척들을 모아 놓고 스스로 선언하

---

66 『묘법연화경』 권2 「신해품信解品」(T9, 18b).
67 『묘법연화경』 권1 「방편품」(T9, 9b).
68 세 가지~비유 : '세 가지 수레'는 「비유품」의 화택유火宅喩, '가난한 아들'은 「신해품」의 궁자유窮子喩, '요술로 만든 성'은 「화성유품」의 화성유化城喩를 가리킨다.
69 전 4시의~함 : 화택유에서 대백우거大白牛車를 주는 것, 궁자유에서 집안일을 맡긴 것, 화성유에서 보배가 있는 진짜 성에 이르게 하는 것 등은 모든 중생들이 부처에 이르도록 하는 일불승一佛乘의 가르침을 비유한 것이다.
70 제호醍醐 : 범어 maṇḍa의 번역어로서 우유를 정제 및 발효하여 가장 순수하게 된 것으로 최상·궁극 등을 비유한다.

기를 '이 사람은 실로 나의 아들이고 나는 그의 친아버지이다. 내가 지금 소유한 것은 모두 아들의 것이다'라고 하며 가업을 맡기니 가난한 아들은 일찍이 없던 것을 얻고는 크게 환희하였다."[71]고 하였다. 이것은 무슨 의미를 갖는가?

답 반야 이후에 법화를 설한 것을 가리킨다. 이미 창고의 온갖 물건들을 관장하고 있었으므로 임종할 때 가업을 직접 전하였을 뿐이다. 이는 앞에서 교법을 전하여(轉敎) 모두 법문을 알게 되었으므로 법화를 설할 때 부처님의 지견知見을 열어보이고 깨달아 들어가도록(開示悟入) 하여[72] 성불의 수기授記를 주었을 뿐이라는 것을 비유한 것이다.

> 次說法華。開前頓漸。會入非頓非漸故。言開權顯實。又言廢權立實。又言會三歸一。言權實者。名通今昔。義意不同。謂法華已前。權實不同。大小相隔。如華嚴經。一權一實【圓實別權】。各不相卽。大不納小故。小雖在座。如聾若瘂。是故所說法門。雖廣大圓滿。攝機不盡。不暢如來出世本懷。所以者何。初頓部有一麁【別教】一妙【圓教】。一妙則與法華無二無別。若是一

---

71 『묘법연화경』권2 「신해품」(T9, 17b).
72 부처님의~하여 : 「방편품」에 나오는 유명한 구절로서 부처님께서 이 세상에 출현하신 궁극적인 이유, 즉 일대사인연一大事因緣이 모든 중생들을 성불로 인도하기 위한 것임을 밝힌 내용이다.

麁。須待法華開會廢了。方始稱妙。次鹿苑但麁無妙【藏教】。次方等三麁【藏通別】一妙【圓教】。次般若二麁【通別】一妙【圓教】。來至法華會上。摠開會廢前四味麁。令成一乘妙。諸味圓敎。更不須開。本自圓融。不待開也。但是部內兼但對帶故。不及法華淳一無雜。獨得妙名。良有以也。故文云。十方佛土中。唯有一乘法。無二亦無三【教一】。正直捨方便。但說無上道【行一】。但爲菩薩。不爲小乘【人一】。世間相常住【理一】。時人未得法華妙旨。但見部內有三車窮子化城等譬。乃謂不及餘經。蓋不知重舉前四時權獨顯大車。但付家業唯至寶所故。致誹謗之咎也。約時則日輪當午。罄無側影【第五時】。約味則從熟酥出醍醐。此從摩訶般若出法華【五醍醐味】。信解品云。聚會親族。卽自宣言。此實我子。我實其父。吾今所有皆是子有。付與家業。窮子歡喜。得未曾有。此領何義。答卽般若之後。次說法華。先已領知庫藏諸物。臨命終時。直付家業而已。譬前轉敎。皆知法門。說法華時。開示悟入佛之知見。授記作佛而已。

2) 열반시

다음에 『대열반경大涅槃經』을 설하신 데에는 두 가지 뜻이 있다. 첫 번째는 아직 (근기가) 익지 않은 이를 위하여 다시 (장·통·별·원) 사교를 통하여 불성佛性을 자세히 설하셨다.

그리하여 (중생들이) 참된 영원함(眞常)을 갖추어 대열반[73]에 들어가도록 하셨으므로 '줍는 가르침(捃拾敎)'[74]이라고 부른다. 두 번째는 말법 시대의 둔한 근기들이 불법에 대하여 단멸견 斷滅見[75]을 일으켜 혜명慧命을 손상하고 법신法身을 잃을까 봐 세 가지 방편을 베풀어 하나의 원만한 진실을 붙잡도록 한 것이다. 이 때문에 '계율에 의지하여 영원함을 설한 가르침(扶律談常敎)'[76]이라고 부른다. 시기와 맛을 논하면 법화와 같지만 경전 안에서 논한다면 순수하고 섞인 것[77]이 조금 다르다. 그러므로 경문에 "마하반야로부터 대열반이 나왔다."[78]고 하였

---

73 대열반 : 번뇌와 윤회를 끊어 고통을 벗어나는 소승의 열반이 아니라 상락아정常樂我淨의 네 가지 덕이 갖추어지는 대승의 열반을 말한다.
74 군습교捃拾敎 : '(떨어진 이삭을) 줍는 가르침'이라는 의미. 『법화경』을 설하여 대중들이 모두 성불의 길로 나아가도록 하였지만 이때 설법을 이해하지 못하여 누락된 미숙한 근기의 중생들이 있으므로 다시 『열반경』을 설하였다는 뜻이다.
75 단멸견斷滅見 : 목숨이나 세상이 한 번 멸하면 영원히 끝이라고 보는 세계관으로 흔히 단견斷見이라고 부른다. 영혼 등이 있어서 영원히 지속된다고 보는 상견常見과 함께 대표적인 사견邪見으로 거론된다.
76 부율담상교扶律談常敎 : 부처님께서는 자신이 입적하신 뒤에 세상이 무상하다는 생각에 빠지는 사람들을 경계하려고 『열반경』에서 계율을 엄격하게 지킬 것과 아울러 모든 중생들이 불성이 있음을 설하셨음을 뜻한다.
77 순수하고 섞인 것 : 『법화경』은 순수하게 원교만 설하였고 『열반경』은 원교를 중심으로 하되 방편설인 장교·통교·별교를 섞어서 설하고 있다는 의미이다.
78 『대반열반경』 권13 「성행품聖行品」(T12, 691a).

다. 앞의 법화와 이 경전을 합해 제5시가 된다.

문 이 경전에서 사교를 다 갖추고 있는 것은 앞의 방등부에서 사교를 다 갖추어 설하신 것과 같은가 아니면 다른가.

답 명칭은 같지만 뜻이 다르다. 방등부의 사교에서 원교는 처음과 끝 모두 (불성이) 영원함을 알고 별교는 처음에는 모르다가 끝에 가서 비로소 알며 장교와 통교는 처음과 끝 모두 알지 못한다.『열반경』의 사교는 처음과 끝 모두 안다.

> 次說大涅槃者。有二義。一爲未熟者。更說四教具談佛性。令具眞常入大涅槃。故名捃拾教。二爲末代鈍根。於佛法中。起斷滅見。夭傷慧命。亡失法身。設三種權。扶一圓實。故名扶律談常教。然若論時味。與法華同。論其部內。純雜小異。故文云。從摩訶般若出大涅槃。前法華合此經。爲第五時也。問此經具四教。與前方等部。具說四教。爲同爲異。答名同義異。方等中四。圓則初後俱知常。別則初不知後方知。藏通則初後俱不知。涅槃中四。初後俱知。

문 다섯 가지 맛을 가지고 오시의 가르침에 대응시켰는데 그 뜻이 무엇인가?

답 (뜻이) 두 가지가 있으니 첫 번째는 생기는(相生) 차례만을 취한 것이다. 즉 소는 부처님을 비유하고 다섯 가지 맛은 가르침을 비유하였으니, 우유는 소에서 나오고 유즙은 우유에서 생기며 생연유와 익은 연유 그리고 제호(가 생기는 것처럼) 차례가 어지럽지 않다. 그러므로 오시가 생겨나는 차례에 비유한 것이다. 두 번째는 그 진하고 묽은 것을 취한 것이니, 이 경우는 먼저 열등한 근기의 중생을 취한다. 즉 2승의 근성이 화엄을 설하는 자리에 있었지만 믿지도 이해하지도 못하여 범부로서의 감정을 변화시키지 못하므로 우유에 비유한 것이다. 그 다음 녹원시에 삼장의 가르침을 듣고 2승 근기의 중생들이 가르침대로 수행하여 범부에서 성인으로 전환되므로 우유가 유즙으로 변하는 것에 비유하였다. 그 다음 방등시에 성문을 규탄하는 것을 듣고 대승을 사모하고 소승을 부끄러워하여 통교의 이익을 얻으니 마치 유즙이 변하여 생연유가 되는 것과 같다. 그 다음 반야시에 (부처님의) 명을 받들어 교법을 전하면서 마음이 점차 크게 통하여 별교의 이익을 얻으니 마치 생연유가 변하여 익은 연유가 되는 것과 같다. 그 다음 법화시에 세 번 거듭되는 설법(三周說法)[79]을 듣고 성불의

---

79 삼주설법三周說法: 『법화경』 석문迹門의 설법이 같은 내용으로 세 차례 이루어지는 것을 말한다. 처음 진리를 바로 설한 것은 법설주法說周라 하고 이를 이해하지 못한 중근기의 제자들을 위하여 비유를 들어 다시 설한 것이 비설주譬說周, 여전히 이해하지 못한 하근기의 제자들을 위하여 전생의 인연을 들어 다시 설한 것이 인연주因緣周 설법이다. 법설은 제2 「방편품」과 제3 「비유품」 전반에 행해졌는데 오직 사리불만 이

수기를 받은 것은 마치 익은 연유가 변하여 제호가 되는 것과 같다. 이는 가장 둔한 근기들이 다섯 가지 맛을 모두 거치는 것에 의거한 것이니 그 다음 근기의 중생은 한 가지나 두 가지, 세 가지, 네 가지 맛을 거치게 된다. 가장 높이 통달한 근기의 중생은 각 맛마다 법계의 실상實相에 들어갈 수 있으니[80] 어찌 반드시 법화시에서 개회開會[81]함을 기다리겠는가.

지금까지 오시와 오미에 대하여 기록하였는데 화의사교化儀四敎의 대강은 이와 같다.

問將五味。對五時敎。其意如何。答有二。一者但取相生次第。所謂牛譬於佛。五味譬敎。乳從牛出。酪從乳生。二酥醍醐。次第不亂。故譬五時相生次第。二者取其濃淡。此則取一番下劣根性。所謂二乘根性。在華嚴座。不信不解。不變凡情故。譬其乳。次至鹿苑。聞三藏敎。二乘根 性依敎修行。轉凡成聖故。

해하여 큰 믿음을 일으켰고, 비설은「비유품」후반부터 제6「수기품」까지 행해져 마하가섭·가전연·목건련·수보리 등 네 제자가 이해하였다. 인연은 제7「화성유품」에서 제9「수학무학인기품」까지 설해져 많은 성문 제자들이 이해하고 믿음을 일으켜 수기를 받았다.

80 가장~있으니 : 오시를 다 거치지 않고 화엄시나 녹원시 등의 한 시기 설법만으로도 진리를 깨달을 수 있다는 의미이다.
81 개회開會 : 교법과 중생의 근기를 삼승으로 분별하던 것을 버리고 부처님의 가르침은 일불승一佛乘밖에 없음을 밝힌 『법화경』의 교설을 말한다. 개삼현일開三顯一, 폐권현실廢權顯實 등과 같은 의미이다.

譬轉乳成酪。次至方等聞彈斥聲聞。慕大耻小。得通教益。如轉酪成生酥。次至般若。奉勅轉教。心漸通泰。得別教益。如轉生酥成熟酥。次至法華聞三周說法。得記作佛。如轉熟酥成醍醐。此約最鈍根。具經五味。其次者。或經一二三四。其上達根性。味味得入法界實相。何必須待法華開會。上來已錄。五味五時。化儀四教。大綱如此。

표 3 ▎ 오시와 팔교의 관계

오시	화엄시	아함시(녹원시)	방등시	반야시	법화열반시	
경전	화엄경	아함경	유마경·승만경	반야경	법화경	열반경
오미	乳味	酪味	生酥味	熟酥味	醍醐味	
교설내용	원융·수행차례	사제·십이인연·事六度	彈偏折小·歎大褒圓	대소승의 융통	開權顯實	불성
화의사교	돈교	점교			비돈비점	
화법사교	원교/별교	장교	사교	원교/통·별교	원교	사교
純雜	兼	但	對	帶	純	

제3장 화법사교

이제부터는 화법사교化法四敎를 밝히겠다.

自下明化法四敎。

1. 장교

첫 번째 삼장교三藏敎란 첫째 수다라장[82][사아함 등의 경장], 둘째 아비담장[83][『구사론』·『비바사론』 등의 논장], 셋째 비니장[84][오부

---

82 수다라장修多羅藏 : 수다라는 범어 sūtra의 음역으로 경經이라고 번역한다. 부처님께서 설하신 교법을 말하며 율장律藏·논장論藏과 함께 삼장三藏이라고 부른다. 삼장은 광의로는 불교 경전 전체를 말하고 협의로는 소승 경전만을 가리킨다.
83 아비담장阿毘曇藏 : 아비담은 범어 abhidharma의 음역으로서 아비달마阿毘達磨라고도 한다. 삼장의 하나인 논장論藏을 말하며 경장이나 율장을 분석·해설한 것이다.
84 비니장毘尼藏 : 비니는 범어 vinaya의 음역으로 율律이라고 의역한다.

율[85]]이다. 이 삼장이라는 명칭은 대승과 소승에 통용되지만 여기서는 소승의 삼장만을 취한다. 『대지도론大智度論』에 "가전연자迦旃延子[86]는 총명하고 근기가 예리하여 『비바사론』에서 삼장三藏의 뜻을 밝혔지만 대승경전을 읽지 않았으므로 대보살이 아니다."[87]라고 하였다. 또 『법화경』에서는 "소승에 탐착하는 삼장학자"[88]라고 하였는데, 이러한 글들에 의거하여 천

부처님께서 제정하신 출가자의 계율과 승단의 생활규칙 등을 담은 경전들을 비니장이라고 부른다.

85 오부율 : 한역으로 전해진 다섯 부파의 율장으로서 주요 내용은 같지만 소소한 부분에서 약간의 차이를 보인다. 법장부法藏部가 전한 『사분율四分律』 60권, 설일체유부說一切有部가 전한 『십송률十誦律』 61권, 화지부化地部가 전한 『오분율五分律』 30권, 음광부飮光部가 전한 『해탈계경解脫戒經』 1권, 대중부大衆部가 전한 『마하승기율摩訶僧祇律』 40권을 말한다. 이 가운데 『해탈계경』은 비구니 계본만 전하므로 예로부터 이를 빼고 사부율이라고 불렀다.

86 가전연자迦旃延子 : 범어 Kātyāyanī-putra의 역어로 부파불교 시대 설일체유부의 근본 논전인 『발지론發智論』 20권을 저술한 논사. 이후 5백 아라한이 이 책에 대해 주석한 것이 『대비바사론大毘婆沙論』 200권이며 제1권(T27, 1b)에 삼장에 대한 설명이 나온다. 그러므로 여기서 말하는 가전연자는 "가전연의 제자"라는 의미이거나 저자가 『발지론』을 『대비바사론』과 혼동한 것이다. 『대지도론』의 원문에서는 "가전연니자의 제자 무리"라고 표현하고 있어서 『대비바사론』을 찬술한 500아라한을 가리키고 있다.

87 『대지도론』 권4(T25, 91c). 원래 문장은 다음과 같다. "이 가전연니자의 제자 무리들은 생사를 벗어나지 못한 사람(生死人)이며 대승경전을 읽지 않았으니 대보살이 아니다.(是迦旃延尼子弟子輩 是生死人 不誦不讀 摩訶衍經 非大菩薩)"

88 『묘법연화경』 권5 「안락행품安樂行品」(T9, 37b).

태 대사는 소승을 삼장교라고 칭한 것이다. 여기에는 삼승의 근기와 성품이 있다.

第一三藏敎者。一修多羅藏【四阿含等經】。二阿毘曇藏【俱舍婆沙等論】。三毘尼藏【五部律】。此之三藏名通大小。今取小乘三藏也。大智度論云。迦旃延子。自以聰明利根。於婆沙中明三藏義。不讀衍經。非大菩薩。又法華云。貪著小乘三藏學者。依此等文故。大師稱小乘。爲三藏敎。此有三乘根性。

1) 장교의 교의

먼저 성문인은 생멸사제生滅四諦[89]의 가르침에 의거한다.

初聲聞人。依生滅四諦敎。

---

[89] 생멸사제生滅四諦 : 세상의 모든 유위법은 인연에 따라 생겨나고 사라지므로 고苦라고 설하는 장교의 가르침을 생멸사제라고 한다. 『열반경』에 나오는 네 가지 사제의 하나로서 생과 멸은 자성이 공하므로 본래 없다고 설하는 통교의 가르침은 무생사제無生四諦라 하고, 삼계 밖의 생멸 인연에는 무량한 차별이 있음을 설하는 별교의 사제설은 무량사제無量四諦, 생멸하는 법 그대로 실상實相임을 설하는 원교의 설은 무작사제無作四諦 혹은 무원사제無願四諦라고 한다.

(1) 고제

사제 가운데 첫 번째인 고제苦諦란 25유有의 의보依報와 정보正報[90]가 그것이다. 25유란 4주洲·4악취·6욕천과 범천·4선천禪天·4공처空處·무상천無想天·5나함천那舍天[4주와 4취가 8이 되고 6욕천과 범왕천을 더하면 15가 되며 4선천과 4공처를 더하면 23이 되고 무상천과 나함천을 더하면 25가 된다.]을 말한다. 분별하면 25유지만 합하면 육도六道의 생사가 된다.

첫째, 지옥도地獄道는 범어로는 날락가(naraka) 또는 니려(niraya)라 하고, 이곳에서는 고구苦具라고 번역한다. 지옥이라는 말은 그곳이 땅 아래에 있기 때문에 하는 말이다. 팔한八寒[91]과 팔열八熱[92]의 큰 지옥이 있고 여기에 각각 딸린 지옥이 있

---

90 의보依報와 정보正報 : 과거의 업에 따라 받은 과보를 둘로 나누는데, 오온으로 이루어진 유정有情 자체는 과보의 주체이므로 정보라 하고 국토나 주변 환경은 유정이 의지하는 과보이므로 의보라고 한다.

91 팔한八寒 : 팔한지옥八寒地獄. 여덟 곳의 추운 지옥인데 경론마다 명칭과 해설에 조금 차이가 있다. 『구사론』권11, 『유가사지론』권4 등에 의거하면 다음과 같다. ① 추위서 몸이 부르트는 곳인 알부타頞部陀(Arbuda) ② 추위로 살갗이 터지는 니랄부타尼剌部陀(Nirarbuda) ③ 추위로 입술은 움직일 수 없고 혀만 움직여 소리 내는 알찰타頞晣吒(Aṭaṭa) ④ 혀도 움직이지 못하고 소리 내는 확확파臒臒婆(Hahava) ⑤ 너무 추워 호호 하는 신음 소리만 내는 호호파虎虎婆(Huhuva). 이상 세 가지는 추위를 견디지 못하고 내는 소리로 이름 지은 것. ⑥ 청련화처럼 피부가 퍼렇게 터진다는 올발라嗢鉢羅(Utpala) ⑦ 홍련화처럼 붉어진다는 발특마鉢特摩(Padma) ⑧ 대홍련화처럼 전신이 동상으로 벌겋게 파열되는 곳인 마하발특마摩訶鉢特摩(Mahā-padma).

는데 종류가 수없이 많다. 그 안에서 고통을 받는 자들은 각기 지은 업에 따라 가볍고 무거움과 지내야 할 겁수劫數에서 차별이 있다. 가장 무거운 곳에서는 하루 동안 8만 4천 번을 나고 죽으면서 무량겁을 지낸다. 가장 심한(上品) 오역죄五逆罪 및 십악十惡을 지은 이들이 이곳의 몸을 받는다.

둘째, 축생도畜生道는 방생傍生[93]이라고도 한다. 이들은 모든 장소에 두루 퍼져 있는데 털이 난 것, 뿔이 있는 것, 비늘이나 껍데기가 있는 것, 깃털이 있는 것, 네 발을 가진 것, 발이 많은 것, 발이 있는 것, 발이 없는 것 등이 있다. 물과 육지와 공중을 다니면서 서로 잡아먹어 끝없는 고통을 받는다. 어리석음과 탐욕으로 중간 정도(中品)의 오역죄와 십악을 지은

---

92 팔열八熱 : 팔열지옥八熱地獄. 뜨거운 고통을 받는 지옥으로 보통 팔대지옥이라고 한다. 『대비바사론』 권172에 의하면 남섬부주 밑 5백 유순 지하에 있다고 하는데 다음과 같다. ① 쇠손톱으로 서로 뜯고 할퀴어 거의 죽었다가 찬바람이 불면 피부가 재생되는 등활지옥等活地獄 ② 뜨거운 쇠사슬로 사지를 묶고 톱으로 끊는 흑승지옥黑繩地獄 ③ 큰 돌산에 깔려 몸이 부서지는 중합지옥衆合地獄 ④ 끓는 솥에 던져져 비명을 지르는 규환지옥叫喚地獄 ⑤ 삶아진 뒤 새살이 나면 철판에 볶이므로 극심한 고통 때문에 큰 비명을 지르는 대규환지옥大叫喚地獄 ⑥ 뜨거운 불에 휩싸인 쇠로 된 성에서 몸이 타는 초열지옥焦熱地獄 ⑦ 불구덩이와 화산에서 몸이 타는 대초열지옥大焦熱地獄 ⑧ 쉴 새 없이 고통이 이어지는 무간지옥無間地獄. 무간지옥은 아비(Avīci)지옥이라고 음사하여 부르는 경우가 많다.

93 방생傍生 : 사람처럼 직립하지 않고 옆으로 다닌다는 의미로서 신역新譯이다. 축생은 구역舊譯으로서 사람들이 기른다는 의미이다.

이들이 이곳의 몸을 받는다.

셋째, 아귀도餓鬼道는 범어로 사리차閣梨哆[94]라고 한다. 이들 역시 모든 처소에 두루 퍼져 있다. 복덕이 있는 부류는 산림이나 무덤에서 신神이 되고 복덕이 없는 부류는 더러운 곳에 거주하며 음식을 얻지 못한다. 항상 채찍으로 맞으면서 강을 메우고 바다를 막는데 무량한 고통을 받는다. 아첨하고 속이는 마음으로 낮은 정도(下品)의 오역죄와 십악을 지은 이들이 이곳의 몸을 받는다.

넷째, 아수라도阿修羅道[95]는 이곳에서 무주無酒라고 번역한다. 또한 무단정無端正·무천無天이라고도 한다. 바닷가나 바닷속에 사는데 궁전이 장엄하게 장식되어 있다. 항상 싸우기를 좋아하고 두려움에 끝이 없다. 인행因行을 닦을 때에 시기심을 품어, 비록 오상五常[96]을 행하더라도 남을 이기려 했기 때문이

---

94 사리차閣梨哆 : 아귀의 범어는 preta로서 폐려다閉戾多, 폐려차閉黎哆 등으로 음사하는 것이 보통이다.

95 아수라阿修羅 : 범어 asura를 음역한 것으로 힘이 세고 교만하여 세상을 관장하는 제석천帝釋天과 늘 싸운다고 한다. 천신이 감로주를 먹는 것을 본떠서 꽃을 채취하여 큰 바다 속에서 술을 만들려고 했으나 술이 되지 않자 설대로 술을 마시지 않으리라 맹세하였다고 불음주, 무주無酒 등으로 부른다. 또 무단정無端正이란 남성 아수라가 용모가 추한 것, 무천無天이란 천신과 같은 복덕이 없음을 말한다.

96 오상五常 : 동서고금을 막론하고 인간이 지켜야 할 변치 않는 도리로서 인仁·의義·예禮·지智·신信을 말한다. 유가에서 나온 말이지만 여기서는 세상의 덕목을 대표하는 의미로 사용하였다.

다.[97] 하품下品의 십선十善을 지은 이들이 이곳의 몸을 받는다.

다섯째, 인도人道는 사주四洲[98]가 같지 않다. 즉 동쪽의 불바제[수명 5백 세], 남쪽의 염부제[수명 1백 세], 서쪽의 구야니[수명 1백5십 세], 북쪽의 울단월[수명 1천 세이고 중간에 요절하지 않는다. 성인聖人이 출현하지 않으니, 팔난八難[99] 가운데 한 가지이다.]인데 모두 괴로움과 즐거움이 섞여 있다. 인행의 시절에 오상五常과 오계五戒를 행하고 중품中品의 십선을 행하면 이곳의 몸을 받는다. 오상이란 인仁・의義・예禮・지智・신信이고 오계란 불살

---

97 인행因行을~때문이다 : 이는 아수라의 두려움에 끝이 없는 이유를 설명한 것이다. 아수라는 가령 천둥소리를 들으면 하늘의 북(天鼓)이 울리는 것이 아닌가 두려워하고, 용왕이 비를 내리면 그 비가 칼로 변하여 자신을 해치지 않을까 두려워하는 등 두려움에 끝이 없다고 한다. 이런 결과를 초래한 원인은 과거에 시기심을 품고서 남을 이기려는 마음으로 오상을 행하였기 때문이라는 것이다.

98 사주四洲 : 수미산을 중심으로 사방에 있는 네 대륙으로서 주로 인간들이 사는 곳이다. 동쪽의 불바제(Pūrva-videha)는 몸의 형체가 수승하므로 신역으로는 승신주勝身洲라 하고, 우리와 같은 모습의 인간들이 사는 남쪽의 염부제(Jambu-dvīpa)는 신역이 섬부주贍部洲이다. 서쪽의 구야니(Apara-godānīya)는 소를 가지고 교역을 하므로 우화주牛貨洲라 하고, 북쪽의 울단월(Uttara-kuru)은 '수승한 곳'이라는 의미로 신역으로는 구로주俱盧洲(拘盧洲)라 한다.

99 팔난八難 : 부처님을 만나거나 정법을 듣기 어려운 여덟 가지 경우로서 ① 지옥 ② 아귀 ③ 축생 ④ 장수천長壽天(곧 無想天) ⑤ 변방(邊地) ⑥ 법문을 듣거나 읽을 수 없는 맹인과 농아 ⑦ 세속적인 지혜로 분별하는 자 ⑧ 부처님이 세상에 계시지 않을 때(佛前佛後)를 말한다. 북울단월은 이 가운데 변방에 해당하는데 부처님을 만나기 어렵다고 한다.

생·불투도·불사음·불망어·불음주를 말한다.

여섯째, 천도天道는 28천이 (서로) 다르다[욕계 6천, 색계 18천, 무색계 4천]. 먼저 욕계의 6천이란 첫째 사천왕천四天王天[수미산 중턱에 위치], 둘째 도리천忉利天[수미산 정상에 있고 33천이 있다. 이상의 두 천계는 상품上品의 십선만 닦으면 태어날 수 있다.], 셋째 야마천夜摩天, 넷째 도솔천兜率天, 다섯째 화락천化樂天, 여섯째 타화자재천他化自在天[이상의 네 천계는 허공에 있다. 상품의 십선과 함께 미도지정未到地定[100]을 수행하면 이곳에 태어날 수 있다.]이다. 다음 색계의 18천은 4선禪으로 나누어지니 초선에 3천[범중천梵衆天·범보천梵輔天·대범천大梵天], 제2선에 3천[소광천少光天·무량광천無量光天·광음천光音天], 제3선에 3천[소정천少淨天·무량정천無量淨天·변정천徧淨天], 제4선에 9천[무운천無雲天·복생천福生天·광과천廣果天. 이상 3천은 범부들이 거주하는 곳으로 상품의 십선과 좌선을 수행하면 태어날 수 있다. 무상천無想天은 외도들이 거주하는 곳이고 무번천無煩天·무열천無熱天·선견천善見天·선현천善現天·색구경천色究竟天의 5천[101]은 제3과를 얻은 성인이 거주하는 곳이다. 위의 9천은 욕계의 거칠고 산란함을 떠났지만 색의 울타리를 벗어나지 못하였으므로 '색계'라 하고, 앉으면 선정에

---

100 미도지정未到地定 : 참선을 할 때 초선初禪에 이르기 전의 단계. 몸이 없어진 듯이 욕계의 몸에 대한 생각이 사라진다.

101 5천 : 제3과는 욕계에 다시 오지 않는다는 의미로 아나함(anāgāmin), 한역하여 불환과不還果라고 하는데 이들이 머무는 곳이므로 이 5천을 5나함천이나 5정거천淨居天이라 부른다.

들어갈 수 있으므로 '선禪'이라는 명칭을 얻었다.)이 있다. 다음 무색계는 4천(공무변처空無邊處·식무변처識無邊處·무소유처無所有處·비상비비상처非想非非想處. 이상의 4천은 4온만 있고 색온이 없으므로 이런 명칭을 얻었다.)이 있다.

지금까지 풀이한 지옥부터 비상비비상천까지는 비록 괴로움과 즐거움이 같지 않지만 태어났다가 다시 죽고, 죽은 뒤 다시 태어나는 것을 면할 수 없으므로 생사(의 세계)라고 한다. 이것은 장교에서 실제로 존재(하는 것으로 설)하는 고통의 진리이다.

言四諦者。一苦諦。二十五有依正二報是。言二十五有者。四洲四惡趣六欲。幷梵天四禪四空處。無想五那含【四洲四趣成八。六欲天幷梵王天成十五。四禪四空處成二十三。無想天及那含天成二十五】。別則二十五有。摠則六道生死。一地獄道。梵語捺洛迦。又語泥黎。此翻苦具。而言地獄者。此處在地之下。故言地獄。謂八寒八熱等大獄。各有眷屬。其類無數。其中受苦者。隨其作業。各有輕重。經劫數等。其最重處。一日之中。八萬四千生死。經劫無量。作上品五逆十惡者。感此道身。二畜生道。亦云旁生。此道徧在諸處。披毛戴角。鱗甲羽毛。四足多足。有足無足。水陸空行。互相吞啖。受苦無窮。愚癡貪欲。作中品五逆十惡者。感此道身。三餓鬼道。梵語闍梨哆。此道亦徧諸趣。有

福德者. 作山林塚廟神. 無福德者. 居不淨處. 不得飮食. 常受
鞭打. 塡河塞海. 受苦無量. 謟誑心意. 作下品五逆十惡. 感此
道身. 四阿修羅道. 此翻無酒. 又無端正. 又無天. 或在海岸海
底. 宮殿嚴飾. 常好鬪戰. 怕怖無極. 在因之時. 懷猜忌心. 雖
行五常. 欲勝他故. 作下品十善. 感此道身. 五人道. 四洲不同.
謂東弗婆提【壽五百歲】. 南閻浮提【壽一百歲】. 西瞿耶尼【壽五百
歲】. 北欝單越【壽一千歲. 命無中夭. 聖人不出其中. 卽八難之一】. 皆
苦樂相閒. 在因之時. 行五常五戒. 五常者. 仁義禮智信. 五戒
者. 不殺不盜不邪婬不妄語不飮酒. 行中品十善. 感此道身.
六天道. 二十八天不同【欲界六天. 色界十八天. 無色界四天】. 初欲
界六天者. 一四天王天【居須彌山腹】. 二忉利天【居須彌山頂. 自有
三十三天. 已上二天. 單修上品十善. 得生其中】. 三夜摩天. 四兜率
天. 五化樂天. 六他化自在天【已上四天空居. 修上品十善. 兼坐未
到定. 得生其中】. 次色界十八天. 分爲四禪. 初禪三天【梵衆梵輔
大梵】. 二禪三天【少光無量光光音】. 三禪三天【少淨無量淨徧淨】. 四
禪九天【無雲福生廣果. 已上三天凡夫住處. 修上品十善. 坐禪者. 得生
其中. 無想天. 外道所居. 無煩無熱善見善現色究竟. 已上五天. 第三果
居處. 上之九天.[1] 離欲麁散. 未出色籠. 故名色界. 坐得禪定. 故得禪名】.
三無色界四天【空處識處無所有處非非想. 已上四天. 只有四陰. 而無
色蘊. 故得名也】. 上來所釋. 從地獄. 至非非想天. 雖然苦樂不
同. 未免生而復死. 死已還生. 故名生死. 此是藏敎實有苦諦.

1) ㉠ '上之九天'은 색계천色界天을 가리키므로 '上之十八天'이 되어야 한다. 세키구치 신다이(關口眞大)는 '十八天'으로 교정하였다.

표 4 ┃ **25유와 삼계육도**

25유有			육도六道	삼계三界
사공처 四空處	㉕ 비상비비상처非想非非想處		천	무색계 無色界
	㉔ 무소유처無所有處			
	㉓ 식무변처識無邊處			
	㉒ 공무변처空無邊處			
⑲ 사선천 四禪天	㉑ 오나함천 五那含天 (五淨居天)	색구경천色究竟天		색계 色界
		선견천善見天		
		선현천善現天		
		무열천無熱天		
		무번천無煩天		
	⑳ 무상천無想天		공거천 空居天	
	광과천廣果天			
	복생천福生天			
	무운천無雲天			
⑱ 삼선천 三禪天	변정천遍淨天			
	무량정천無量淨天			
	소정천少淨天			
⑰ 이선천 二禪天	광음천光音天			
	무량광천無量光天			
	소광천少光天			
⑮ 초선천	⑯ 대범천大梵天			
	범보천梵輔天			
	범중천梵衆天			
육욕천 六欲天	⑭ 타화자재천他化自在天		지거천 地居天	욕계 欲界
	⑬ 화락천化樂天			
	⑫ 도솔천兜率天			
	⑪ 야마천夜摩天			
	⑩ 도리천忉利天			

25유有				육도六道	삼계三界
육욕천六欲天	⑨ 사천왕천四天王天	북 다문천多聞天	지거천地居天	천	욕계欲界
		서 광목천廣目天			
		남 증장천增長天			
		동 지국천持國天			
사주四洲	⑧ 북 울단월(구로주拘盧洲)			인간	
	⑦ 서 구야니(우화주牛貨洲)				
	⑥ 남 염부제(섬부주瞻部洲)				
	⑤ 동 불바제(승신주勝身洲)				
사악취四惡趣	④ 아수라阿修羅			아수라	
	③ 아귀餓鬼			아귀	
	② 축생畜生			축생	
	① 지옥地獄			지옥	

(2) 집제

두 번째인 집제集諦란 바로 견혹見惑과 사혹思惑이다. 또 견혹과 수혹修惑[102]이라고도 하고 4주지혹四住地惑[103]·염오무지染汚無知[104]·취상혹取相惑[105]·지말무명枝末無明·통혹通惑[106]·계

---

102 수혹修惑 : 제2 사다함과와 제3 아나함과인 수도위修道位에서 끊는 번뇌. 견도위見道位인 수다원과에서 끊는 번뇌인 견혹에 상대된다.

103 4주지혹四住地惑 : 번뇌를 종류별로 나눈 것. 삼계의 모든 견혹을 가리키는 견일처주지見一處住地, 욕계의 사혹인 욕애주지欲愛住地, 색계의 사혹인 색애주지色愛住地, 무색계의 사혹인 유애주지有愛住地를 말한다. 여기에 무명주지無明住地를 더한 것이 번뇌의 총칭으로서 오주지혹五住地惑이라 한다.

104 염오무지染汚無知 : 불염오무지不染汚無知에 상대되는 것으로서 유부有部에서 분류하는 2무지의 하나이다. 염오무지는 사제에 미혹하여 생사윤회를 일으키는 번뇌이고, 불염오무지는 중생 구제에 필요한 속

내혹界內惑[107]이라고도 한다. 비록 명칭은 같지 않지만 견혹과 사혹일 뿐이다.

먼저 견혹을 풀이하면 88사使가 있다. 즉 첫째 신견身見, 둘째 변견邊見, 셋째 견취見取, 넷째 계취戒取, 다섯째 사견邪見【이상은 날카로운 번뇌(利使)이다.】, 여섯째 탐貪, 일곱째 진瞋, 여덟째 치癡, 아홉째 만慢, 열째 의疑이다【이상은 둔한 번뇌(鈍使)이다.】. 이 10사使가 삼계의 사제 아래로 나뉘면서 늘거나 줄어드는 것이 달라 여든여덟 가지가 된다. 욕계의 고제에는 10사가 모두 갖추어 있고 집제와 멸제에는 각각 신견·변견·계취를 제외한 7사가 있다. 도제에는 신견과 변견을 제외한 8사가 있으니 사제의 아래에 도합 서른세 가지가 된다. 위로 (색계와 무색계) 2계의 사제 아래는 나머지는 모두 욕계와 같지만 매 제마다 진사瞋使가 제외되므로 한 계에 각각 스물여덟 가지가 있어서 2계를 합하면 쉰여섯 가지가 된다. 이를 앞의 서른두 가지와 합하면 도합 88사가 되는 것이다.

다음에 사혹을 밝히면 81품이 있다. 즉 삼계를 9지地로 나

제에 미혹한 번뇌로서 생사윤회의 원인이 되지는 않는다.
105 취상혹取相惑 : 육도 생사의 상相에 집착하는 번뇌라는 의미.
106 통혹通惑 : 성문·연각·보살이 공통으로 끊는 번뇌. 보살만이 끊는 별혹別惑에 상대된다.
107 계내혹界內惑 : 삼계三界 안에서 윤회하도록 만드는 번뇌라는 의미로서 윤회의 원인이 되지 않는 계외혹界外惑과 상대되는 말이다.

누는데 욕계가 합하여 1지가 되고 4선천과 4무색처가 8지가 되므로 합하여 9지이다. 욕계의 1지 가운데 9품의 탐·진·치·만이 있으니 9품이란 상상·상중·상하·중상·중중·중하·하상·하중·하하이다. 위의 8지에는 각각 9품이 있는데 진사를 제외하기 때문에 여든한 가지가 된다.[108] 지금까지 견혹과 사혹을 분별하였는데 이들은 모두 장교에서 실제로 존재하는 (것으로 설하는) 집제이다.

> 二集諦者。即見思惑。又云見修。又云四住。又云染汚無知。又云取相惑。又云枝末無明。又云通惑。又云界內惑。雖名不同。但見思耳。初釋見惑。有八十八使。所謂一身見。二邊見。三見取。四戒取。五邪見【已上利使】。六貪。七嗔。八癡。九慢。十疑【已上鈍使】。此十使歷三界四諦下。增減不同。成八十八。謂欲界苦十使具足。集滅各七使。除身見邊見戒取。道諦八使。除身見邊見。四諦下合爲三十二。上二界四諦下。餘皆如欲界。只

---

108 다음에~된다 : 『구사론』의 번뇌론에 따르면 견혹 여든여덟 가지와 사혹 열 가지를 합하여 98사使 혹은 98수면隨眠이라고 한다. 견혹은 위의 설명과 같이 열 가지 근본 번뇌를 삼계, 사제로 나눈 것이고 사혹은 욕계에 탐·진·치·만의 네 가지, 색계와 무색계는 성내는 마음이 없으므로 탐·치·만의 세 가지로 도합 열 가지가 된다. 단 사혹은 성질이 애매하여 탐욕, 자만심 등으로 분명히 구별되지 않으므로 9지마다 9등급의 번뇌가 있어서 81품의 번뇌로 나누기도 한다.

於每諦下除嗔使。故一界各有二十八。二界合爲五十六。并前三十二。合爲八十八使也。二明思惑者。有八十一品。謂三界分爲九地。欲界合爲一地。四禪四定爲八。共爲九地。欲界一地中。有九品貪嗔癡慢。言九品者。上上上中上下。中上中中中下。下上下中下下。上八地各有九品。除嗔使。故成八十一也。上來見思不同。摠是藏敎。實有集諦。

표 5 ┃ 98사(=수면隨眠, 견사혹見思惑)

	욕계					색계					무색계				
	견혹				사혹	견혹				사혹	견혹				사혹
	고제	집제	멸제	도제		고제	집제	멸제	도제		고제	집제	멸제	도제	
신견	O					O					O				
변견	O					O					O				
견취	O	O	O	O		O	O	O	O		O	O	O	O	
계취	O			O		O			O		O			O	
사견	O	O	O	O		O	O	O	O		O	O	O	O	
탐	O	O	O	O	O	O	O	O	O	O	O	O	O	O	O
진	O	O	O	O	O										
치	O	O	O	O	O	O	O	O	O	O	O	O	O	O	O
만	O	O	O	O	O	O	O	O	O	O	O	O	O	O	O
의	O	O	O	O		O	O	O	O		O	O	O	O	
견혹 88사	10	7	7	8		9	6	6	7		9	6	6	7	
98사	10	7	7	8	4	9	6	6	7	3	9	6	6	7	3
사혹 81품	(탐진치만)×9품=9품					(탐치만)×4선천×9품=36품					(탐치만)×4공처×9품=36품				

(3) 멸제

세 번째인 멸제滅諦란 앞의 고통과 고통의 원인(集)을 멸하여 한편의 진리(偏眞理)[109]를 드러낸 것이다. 멸함으로 인하여 진리를 깨닫는 것이지 멸함이 바로 진제는 아니다.

三滅諦者。滅前苦集。顯偏眞理。因滅會眞。滅非眞諦。

(4) 도제

네 번째인 도제道諦란 간략히 말하면 계戒·정定·혜慧이고, 상세히 말하면 37도품道品이다. 이 서른일곱 가지는 도합 일곱 조목이 된다.

첫째 사념처四念處는 다음과 같다. 첫째 몸의 부정함을 관함(색온色蘊), 둘째 느낌이 고통임을 관함(수온受蘊), 셋째 마음이 무상함을 관함(식온識蘊), 넷째 법이 무아임을 관함(상온想蘊과 행온行蘊)이다.

둘째 사정근四正勤은 다음과 같다. 첫째 아직 발생하지 않은 악이 생기지 않도록 함, 둘째 이미 생긴 악을 없앰, 셋째 아직 발생하지 않은 선이 생기도록 함, 넷째 이미 생긴 선을

---

[109] 편진리偏眞理 : 아공我空의 진리만 드러난다는 의미. 단공但空이라고도 한다. 인법이공人法二空을 설하는 통교通敎나 비유비공非有非空을 설하는 별·원교에 상대되는 말이다.

자라나도록 함이다.

셋째는 사여의족四如意足【욕구(欲)·기억(念)·정진(進)·지혜(慧)】, 넷째는 오근五根【믿음(信)·정진(進)·기억(念)·삼매(定)·지혜(慧)】, 다섯째는 오력五力【위의 오근과 이름이 같다.】, 여섯째는 칠각지七覺支【기억(念)·선택(擇)·정진(進)·기쁨(喜)·경안輕安·삼매(定)·평정(捨)】, 일곱째는 팔정도八正道【정견正見·정사유正思惟·정어正語·정업正業·정정진正精進·정정正定·정념正念·정명正命】이다. 이상의 일곱 조목은 장교의 생멸하는 도제이다.

四道諦者。略則戒定慧。廣則三十七道品。此三十七。合爲七科。一四念處。一觀身不淨【色蘊】。二觀受是苦【受蘊】。三觀心無常【識蘊】。四觀法無我【想行蘊】。二四正勤。一未生惡令不生。二已生惡令滅。三未生善令生。四已生善令增長。三四如意足【欲念進慧】。四五根【信進念定慧】。五五力【同上根名】。六七覺支【念擇進喜輕安定捨】。七八正道【正見正思惟正語正業正精進正定正念正命】。已上七科。卽是藏敎生滅道諦。

앞에서 열거한 사제의 이름과 숫자는 아래의 (통·별·원) 삼교에도 공통된다. 다만 가르침의 넓고 좁음,[110] 수승함과 열

---

110 넓고 좁음 : 장교와 통교는 생사의 세계인 삼계 안에서 윤회하는 고통

등함[111]에 따라 생멸生滅·무생無生·무량無量·무작無作 (사제로) 같지 않을 뿐이다. 그러므로 아래에는 이름과 법수를 다시 열거하지 않겠다. 그런데 사제는 세간과 출세간으로 나누어지니, 앞의 2제는 세간의 인과이고[고제는 결과이고 집제는 원인이다.] 뒤의 2제는 출세간의 인과[멸제는 결과이고 도제는 원인이다.]이다.

문 무엇 때문에 세간과 출세간 모두 결과가 앞이고 원인이 뒤인가?

답 성문들은 근기가 둔하여 괴로움을 알아야 원인을 끊으며 결과를 동경해야 원인을 수행하므로 그러한 것이다.

然如前所列。四諦名數。通下三教。但是隨教。廣狹勝劣。生滅無生無量無作不同耳。故向下名數。更不再列。然四諦之中。分世出世。前二諦爲世間因果【苦果集因】。後二諦爲出世間因果【滅果道因】。問何故世出世。前果後因耶。答聲聞根鈍。知苦

을 멸하고 열반을 얻을 것을 설하므로 가르침의 범위가 좁고, 별교와 원교는 삼계의 생사를 벗어난 보살들이 중생을 구제하기 위하여 익히는 속제에까지 사제설이 확장되므로 넓다고 하는 것이다.

111 수승함과 열등함 : 장교의 생멸사제는 삼계 안의 사법事法을 밝히고 통교의 무생사제는 삼계 안의 이법理法, 별교의 무량사제는 삼계 밖의 사법, 원교는 삼계 밖의 이법을 밝히고 있으므로 앞의 것에 비해 뒤의 가르침이 수승하다.

斷集。慕果修因。是故然也。

2) 장교의 수행 계위

간략하게 장교의 수행인과 계위를 밝히겠다.

略明藏敎修行人之與位。

(1) 성문
처음 성문聲聞의 계위를 밝히면 둘로 나뉘는데, 첫째는 범부이고 둘째는 성인이다.

初明聲聞位分二。初凡二聖。

범부는 다시 외범外凡과 내범內凡의 둘로 나뉜다.
(첫 번째) 외범을 풀이하면 다시 셋으로 나뉜다.
첫째는 오정심관五停心觀(을 행하는 계위)이니, 첫째 탐욕이 많은 중생은 부정관不淨觀, 둘째 화를 잘 내는 중생은 자비관慈悲觀, 셋째 산만한 중생은 수식관數息觀, 넷째 어리석은 중생은 인연관因緣觀, 다섯째 업장이 많은 중생은 염불관念佛觀[112]을 행한다.

둘째는 별상념처別想念處(를 행하는 계위)이다【앞의 사념처가 이것이다.】.

셋째는 총상념처總想念處이니, 먼저 몸이 부정함을 관하고 느낌과 마음과 법이 모두 부정함을 관하며, 나아가 법이 무아임을 관하고 몸과 느낌과 마음 역시 무아임을 관하는 것에 이른다. 중간은 이 예로써 알 수 있을 것이다【이상의 세 조목은 외범外凡이라 하기도 하고 자량위資糧位라고도 부른다.】.

두 번째, 내범을 밝히면 네 단계가 있으니 난위煖位·정위頂位·인위忍位·세제일위世第一位이다【이 네 계위는 내범이 되고 또한 가행위加行位라 하며 사선근위四善根位라고도 부른다.】.

이상의 내범과 외범은 모두 범부위라고 부르며 7방편위方便位라고도 한다.

凡又二。外凡內凡。釋外凡中自分三。初五停心。一多貪衆生不淨觀。二多瞋衆生慈悲觀。三多散衆生數息觀。四愚癡衆生因緣觀。五多障衆生念佛觀。二別相念處【如前四念處是】。三摠相念處一觀身不淨。受心法皆不淨。乃至觀法無我。身受心亦無我。中間例知【已上三科。名外凡。亦名資糧位】。二明內凡者有四。

---

112 염불관念佛觀 : 염불관 대신 아집我執을 대치하기 위한 계분별관界分別觀을 넣는 경론도 있다.

謂煖頂忍世第一【此四位爲內凡。亦名加行位。又名四善根位】。上來
內凡外凡。摠名凡位。亦名七方便位。

다음으로 성인의 계위를 밝히는데 또한 셋으로 나뉘니 첫
번째 견도見道【초과初果】, 두 번째 수도修道【제2과와 제3과】, 세 번
째 무학도無學道【제4과】이다.

첫째, 수다원須陀洹(srota-āpanna)은 이곳에서 예류預流라고
번역한다. 이 계위는 삼계의 88사 견혹을 끊고 진제를 보았기
때문에 '도를 보았다(見道)'고 부른다. 또한 성인의 계위라고도
한다.

둘째, 사다함斯陀含(sakṛd-āgāmin)은 이곳에서 일래一來라고
한다. 이 계위는 욕계의 9품 사혹 가운데 앞의 6품을 다 끊었지
만 뒤의 3품이 아직 남아 있으므로 다시 한번 와야(一來) 한다.

셋째, 아나함阿那含(anāgāmin)은 이곳에서 불래不來[113]라고
한다. 이 계위는 욕계의 남은 사혹을 다 끊고 더 나아가 위
(색계와 무색계) 8지의 사혹도 끊는다.

넷째, 아라한阿羅漢(arhat)은 이곳에서 무학無學이라고 부른
다. 또한 무생無生, 살적殺賊, 응공應供이라고도 한다. 이 계위

---

113 불래不來 : 욕계에 돌아오지 않는다는 의미로서 불환과不還果라는 번
역어가 자주 쓰인다.

는 견혹과 사혹 모두를 완전히 끊는다. 자박子縛은 이미 끊었지만 과박果縛[114]이 여전히 있으면 유여열반有餘涅槃이라 부르고, 몸이 재가 되고 지혜도 사라지면(灰身滅智) 무여열반無餘涅槃이라고 하며, 외로운 해탈(孤調解脫)이라고도 한다.

간략히 성문의 계위를 밝히는 것을 마친다.

次明聖位亦分三。一見道【初果】。二修道【二三果】。三無學道【四果】。一須陀洹。此翻預流。此位斷三界八十八使見惑。見眞諦故。名爲見道。又名聖位。二斯陀含。此云一來。此位斷欲界九品思中。斷前六品盡。後三品猶在。故更一來。三阿那含。此云不來。此位斷欲殘思盡。進斷上八地思。四阿羅漢。此云無學。又云無生。又云殺賊。又云應供。此位斷見思俱盡。子縛已斷。果縛猶在。名有餘涅槃。若灰身滅智。名無餘涅槃。又名孤調解脫。略明聲聞位竟。

---

114 자박子縛~과박果縛: 번뇌는 속박의 종자가 되므로 자박이라 부르고, 그로 인해 유루有漏의 과보를 받아 속박되는 것을 과박이라고 한다.

표 6 ┃ 장교 성문의 수행 계위와 단혹

7현 4성		계위	수행	단혹
성인聖人	무학위無學位	아라한·무학과無學果	사제관 四諦觀	견사혹 단진斷盡
	수도위修道位	아나함·불환과不還果		욕계 후3품 사혹 및 상8지 사혹
		사다함·일래과一來果		욕계 전6품 사혹
	견도위見道位	수다원·예류과預流果		삼계 견혹
범부凡夫 (7방편위)	내범內凡 4선근善根 가행위加行位	세제일위世第一位	사제 16행관	
		인위忍位		
		정위頂位		
		난위煖位		
	외범外凡 3현賢 자량위資糧位	총상념처위總想念處位	총상사념처	4전도심 제거
		별상념처위別想念處位	별상사념처	
		오정심관위 五停心觀位	염불관	업장 제거
			인연관	치심 제거
			수식관	산란 제거
			자비관	진심 제거
			부정관	탐욕 제거

(2) 연각

다음으로 연각緣覺을 밝힌다. 이는 독각獨覺이라고도 한다. 세상에 출현하신 부처님을 만나 십이인연의 가르침을 받으니, 첫째 무명無明【번뇌장煩惱障 혹은 번뇌도煩惱道이다.】, 둘째 행行【업장業障 혹은 업도業道이다. 위의 두 지분은 과거에 속한다.】, 셋째 식識【모태에 의탁한 한 부분의 기식氣息이다.】, 넷째 명색名色【명은 마음이고 색은 호흡(息)이다.】, 다섯째 육입六入【육근이 이 태 속에서 이루어진

다.], 여섯째 촉觸[태에서 나오는 것], 일곱째 수受[좋은 일, 나쁜 일 등 앞의 경계를 받아들이는 것. 식으로부터 수까지는 현재의 다섯 가지 과보라고 부른다.], 여덟째 애愛[예쁜 남녀나 금·은·돈·재물 등을 아끼는 것], 아홉째 취取[일체의 경계를 보고 취하고 집착하는 마음을 내는 것이다. 이 두 가지는 미래의 원인이니 과거의 무명과 같이 모두 번뇌에 속한다.], 열 번째 유有[업이 이미 성취된 것. 이는 미래의 원인이고 과거의 행과 같이 업도에 속한다.], 열한 번째 생生[미래에 삶을 받는 일], 열두 번째 노사老死이다.[115]

이것은 소멸될 경계로서 앞의 사제와는 나누고 합하는 차이일 뿐이다. 어떻게 나누고 합하는가?

무명·행·애·취·유의 다섯 지는 합하여 집제가 되고 나머지 일곱 지는 고제가 된다.

이름은 다르지만 뜻이 같은데 무엇 때문에 거듭 설하는가?

그것은 근기가 같지 않기 때문이다. 연각승의 수행인은 먼

---

115 세상에~노사老死이다 : 원주 속의 설명은 흔히 '삼세양중인과설三世兩重因果說'이라 하는데 이를 도표로 그리면 다음과 같다.

12연기	무명	행	식	명색	육입	촉	수	애	취	유	생	노사
삼장	번뇌장	업장	(보장報障)					번뇌장	업장	(보장報障)		
삼도	혹惑	업業	고苦					혹惑	업業	고苦		
삼세	과거		현재								미래	
사제	집제(因)		고제(果)					집제(因)		고제(果)		

저 집제를 관하니 소위 무명은 행의 인연이고 행은 식의 인연이며 내지 생은 노사의 인연이 되니 이는 생기生起(의 과정)이다. 만일 멸함을 관한다면, 무명을 멸하면 행이 멸하거나 생이 멸하면 노사가 멸한다. 십이인연을 관함으로써 진제의 이치를 깨닫게 되므로 연각이라고 한다. 독각이라는 말은 부처님이 없는 세상에 나와 홀로 외로운 봉우리에 머물면서 사물이 변화하는 것을 관하여 스스로 생멸이 없는 진리를 깨닫게 되므로 독각이라고 한다. 이름이 같지 않지만 수행 계위는 다르지 않다. 이 수행인이 삼계의 견혹과 사혹을 끊는 것은 성문과 같지만 다시 습기習氣[116]를 차츰 없애므로 성문보다 위에 있다.

次明緣覺。亦名獨覺。値佛出世。稟十二因緣敎。所謂一無明【煩惱障煩惱道】。二行【業障業道。此二支屬過】。三識【託胎一分氣息】。四名色【名是心色是息】。五六入【六根成此胎中】。六觸【出胎】。七受【領納前境好惡等事。從識至受名現在五果】。八愛【愛色男女金銀錢物等事】。九取【凡見一切境皆生取著心。此二未來因。皆屬煩惱。如過去無

---

116 습기習氣 : 범어 vāsanā의 역어로 누적된 행위 및 사고 등으로 인해 몸과 마음에 축적된 습성. 마치 생선을 싼 종이에서 생선을 빼내더라도 비린내가 나는 것과 같이 번뇌의 본체를 끊었다 하여도 습기는 한동안 남는다.

明】。十有【業已成就。是未來因屬業道。如過去行】。十一生【未來受生事】。十二老死。此是所滅之境。與前四諦。開合之異耳。云何開合。謂無明行愛取有。此之五支。合爲集諦。餘七支爲苦諦也。旣名異義同。何故重說。爲機宜不同故。緣覺之人。先觀集諦。所謂無明緣行。行緣識。乃至生緣老死。此則生起。若滅觀者。無明滅則行滅。乃至生滅則老死滅。因觀十二因緣。覺眞諦理。故言緣覺。言獨覺者。出無佛世。獨宿孤峯。觀物變易。自覺無生。故名獨覺。兩名不同。行位無別。此人斷三界見思。與聲聞同。更侵習氣故。居聲聞上。

(3) 보살

다음으로 보살의 계위를 밝힌다. 처음 보리심을 발할(初發心)[117] 때부터 사제의 경계를 인연하여 사홍서원四弘誓願을 일으키고 육바라밀六波羅蜜을 수행한다. (사홍서원이란) 첫째는 제도되지 못한 이를 제도하겠다는 것이다. 즉 "중생은 가없지만 제도할 것을 서원합니다." 하는 것이다. 이는 고제의 경계를 인연으로 삼는 것이다. 둘째는 풀지 못한 것을 풀도록 하는 것이다. 즉 "번뇌는 끝없지만 다 끊기를 서원합니다." 하

---

117 초발심初發心 : 발심이란 발보리심發菩提心의 준말로서 아뇩다라삼먁삼보리, 즉 최상의 깨달음인 무상정등정각을 성취하려는 마음을 일으키는 것이다.

는 것이다. 이는 집제의 경계를 인연으로 삼는 것이다. 셋째는 편안하지 못한 이를 편안케 하는 것이다. 즉 "법문은 한없지만 다 배우기를 서원합니다." 하는 것이다. 이는 도제의 경계를 인연으로 삼는 것이다. 넷째는 열반을 얻지 못한 이에게 열반을 얻도록 하는 것이다. 즉 "불도는 위없지만 성취하기를 서원합니다." 하는 것이다. 이는 멸제의 경계를 인연으로 삼는 것이다.

발심하였다면 반드시 수행을 하여 서원을 채워야 하니, 3아승기겁 동안 육바라밀을 수행하고 1백 겁 동안 32상과 80종호의 씨앗을 심는다. 3아승기겁阿僧祇劫【아阿(a)는 무無이고 승기僧祇(saṃkhya)는 수數이며 겁劫(kalpa)은 시간이다.】을 석가모니께서 보살도를 수행할 때에 맞추어 기간을 논하면 다음과 같다. 옛날의 석가모니[118] 부처님에서 시기불尸棄佛[119]에 이르기까지 7만 5천 부처님을 만난 기간을 제1 아승기라고 한다. 이때부터 여자의 몸과 4악취를 떠나 항상 육바라밀을 수행하였지만 자신

---

118 옛날의 석가모니 : 석가세존이 숙세에 대광명大光明이라는 이름의 질그릇 공인이었을 때 공양하였던 부처님으로 현겁의 석가모니와는 동명이인이다. 석가세존은 당시 공양하였던 부처님의 이름과 똑같이 '석가모니'라는 이름으로 성불할 것을 서원하였다고 한다. 『대지도론』 권3 및 권29 참조.
119 시기불尸棄佛 : 과거 칠불 가운데 두 번째 부처님인 시기불과 이름은 같지만 시간적으로 훨씬 앞에 출현하였던 부처님이다.

이 성불할 것을 알지는 못하였다. (이때를) 성문의 계위와 견주면 오정심관과 총상념처, 별상념처위[외범부]에 해당한다.

그 다음 시기불부터 연등불燃燈佛까지 7만 6천 부처님을 만나는 기간을 제2 아승기라고 부른다. 이 기간에는 일곱 줄기의 연꽃을 공양하고 머리카락을 펴서 진흙을 가려 석가문釋迦文(석가모니)이라는 이름으로 불리는 부처가 되리라는 수기를 받았다.[120] 그때에 (비로소) 스스로 성불하리라는 것을 알았지만 아직 입으로 말할 수는 없었다. (이때를) 성문의 계위와 견주면 난위煖位가 된다.

그 다음 연등불로부터 비바시불毗婆尸佛[121]까지 7만 7천 불(을 만난 동안)을 제3 아승기겁을 채웠다고 한다. 이때는 스스로도 알았고 남에게도 반드시 성불하리라는 것을 말했는데 자타가 의심하지 않았다. 성문의 계위와 견주면 정위頂位가 된다.

이러한 때를 지나면서 육바라밀의 수행을 마친 뒤 다시 1백 겁을 머물면서 32상 80종호의 씨앗을 심는다. 1백 가지 복을 닦아 한 가지 상호를 이루는데 복의 내용은 갈래가 많아서 일정하게 판정하기 어렵다. 어떤 이는 "삼천대천세계의 맹인

---

120 일곱~받았다 : 석가모니가 연등불에게 공양한 뒤 수기를 받는 전생담은 『불본행집경』 권4, 『과거현재인과경』 권1 등에 나온다.
121 비바시불毗婆尸佛 : 석가모니로부터 6대 이전이며 과거칠불 가운데 첫 번째인 부처님.

을 (모두) 치료하는 것이 한 가지 복이 된다."고 말한다.

　육바라밀을 수행하는데 각각 채워지는 때가 있다. 시비왕尸毗王이 비둘기를 대신한 것[122]은 보시바라밀이 채워진 것이고, 보명왕普明王이 나라를 버린 것[123]은 지계바라밀이 채워진 것이며, 찬제선인羼提仙人이 가리왕에게 (손과 발 등을) 베이고 잘렸어도 한을 품지 않은 것[124]은 인욕바라밀이 채워진 것이다. 대시 태자大施太子가 바닷물을 퍼낸 것[125]과 7일 동안 발돋움하여 불사弗沙 부처님을 찬탄한 것[126]은 정진바라밀이 채

122　시비왕이~대신한 것 : 『대지도론』 권4에 나오는 내용으로서 매에게 쫓기는 비둘기를 살려 주고 그 대신 자신의 살을 베어 매에게 준 석가모니의 전생담.

123　보명왕이~버린 것 : 역시 『대지도론』 권4에 나오는 일화. 석가모니 부처님이 전생에 보명왕일 때 한 바라문에게 공양을 약속하였는데 갑자기 녹족鹿足이라고 하는 포악한 왕에게 잡혀 약속을 이행할 수 없게 되자 녹족왕에게 사정한 끝에 하루의 말미를 얻어 본국으로 돌아와 보시를 하고 주위의 만류에도 불구하고 약속대로 다시 돌아갔다는 것. 거짓말을 하지 말라는 계를 지킨 사례이다.

124　찬제선인이~않은 것 : 가리왕이 사냥을 나갔을 때 시녀들이 수행 중인 찬제선인을 찬탄하자 왕이 이를 질투하면서 선인을 괴롭혔는데도 한을 품지 않았다는 것. 찬제선인은 석가모니의 전생으로서 『대지도론』 권14 등에 나온다.

125　대시 태자~퍼낸 것 : 중생들을 구제하는 여의주가 바다에 빠지자 바닷물을 퍼내서 그것을 되찾으려 정진한 일화로서 『대지도론』 권16 등에 나온다.

126　7일~찬탄한 것 : 석가모니 부처님의 전생담으로서 굴 속에서 수행 중인 불사불을 보고 석가모니가 눈도 깜빡이지 않고 발돋움을 한 채 7일 동안 있었다는 것. 『대지도론』 권4 등에 나온다.

워진 것이다. 상사리尙闍梨 머리 위에 까치가 집을 지은 것[127]은 선정바라밀이 채워진 것이고, 구빈劬嬪 대신이 염부제를 7등분하여 다툼을 그치게 한 것[128]은 지혜바라밀이 채워진 것이다. 이를 처음 성문의 계위와 견주면 하인위下忍位이다.

그 다음에 일생보처一生補處[129]에 들어가니, 도솔천에 태어나 모태에 의탁하여 출생하고 출가하여 마군을 항복받으며 선정에 들어 움직이지 않는 것은 중인위中忍位이다. 다음의 한 찰나에 상인위上忍位에 들어가고 다음 한 찰나에 세제일위世第一位에 들어간다. 참된 무루지혜를 일으켜 34심心[130]으로 견

---

127 상사리尙闍梨~지은 것 : 석가모니 부처님이 상사리라는 이름의 나계螺髻선인이었을 때 선정에 깊이 들어 까치가 나무인 줄 알고 집을 지었다는 전생담. 『대지도론』 권17에 나온다.
128 구빈劬嬪~한 것 : 일곱 명의 왕들이 서로 천하의 영토를 차지하려고 할 때 석가모니의 전신인 구빈대신이 염부제를 공평하게 7등분하여 전쟁을 막았다는 것. 『대지도론』 권4 등에 나온다.
129 일생보처一生補處 : 범어 eka-jāti-pratibaddha의 역어로서 이번 생을 지나면 다음 생에 성불할 것이 정해진 등각等覺보살의 지위. 도솔천에 머무는데 현재는 미륵보살이 이 지위에 있다고 한다.
130 34심心 : 34찰나의 마음으로 번뇌를 끊고 지혜를 증득함을 말하는 것으로 34심 단결성도斷結成道라고 한다. 이를 도표로 그리면 다음과 같다.

견도 16심(8忍8智) - 견혹見惑을 끊음							
욕계				색계와 무색계			
고제	집제	멸제	도제	고제	집제	멸제	도제
고법인 고법지	집법인 집법지	멸법인 멸법지	도법인 도법지	고류인 고류지	집류인 집류지	멸류인 멸류지	도류인 도류지
※인忍은 단혹斷惑이고 지智는 진리의 증득							

혹과 사혹, 습기까지 단번에 끊으니, 나무보리수 아래에 앉아 생풀로 자리를 삼으시고 1장 6척의 열응신불을 이루었다.[131] 범천왕의 청을 받아 세 번 법륜을 굴리고 세 부류의 근기와 성품을 구제하였다. 세상에 80년을 머물며 늙은 비구의 모습을 나타내고 마치 땔감이 다 타서 불이 꺼지듯이 무여열반에 들어가는 것이 삼장교의 부처님의 과위果位이다.

> 次明菩薩位者。從初發心。緣四諦境。發四弘願。修六度行。一未度者令度。卽衆生無邊誓願度。此緣苦諦境。二未解者令解。卽煩惱無盡誓願斷。此緣集諦境。三未安者令安。卽法門無量誓願學。此緣道諦境。四未得涅槃者令得涅槃。卽佛道無上誓願成。此緣滅諦境。旣已發心。須行行填願。於三阿僧祇劫。修六度行。百劫種相好。言三阿【無】。僧祇【數】。劫【時】者。且約釋迦修菩薩道時。論分限者。從古釋迦至尸棄佛。值七萬五千佛。名初阿僧祇。從此常離女身及四惡趣。常修六度。然自不知當作佛。若望聲聞位。卽五停心。摠別念處【外凡】。次從尸棄佛。至然燈佛。值七萬六千佛。名第二阿僧祇。此時用七莖蓮華供養。

수도 18심 - 수혹修惑을 끊음																
상상		상중		상하		중상		중중		중하		하상		하중		하하	
무간도	해탈도	무간도	해탈도	무간도	해탈도	무간도	해탈도	무간도	해탈도	무간도	해탈도	무간도	해탈도	무간도	해탈도	무간도	해탈도
※무간도無間道(無礙道)는 단혹斷惑, 해탈도解脫道는 진리의 증득																

131 나무보리수, 열응신 등은 앞의 주 49와 50 참조.

布髮掩泥。得受記莂號釋迦文。爾時自知作佛。口未能說。若望聲聞位。即煖位。次從然燈佛。至毗婆尸佛。七萬七千佛。名第三阿僧祇滿。此時自知。亦向人說。必當作佛。自他不疑。若望聲聞位。即頂位。經如許時修六度竟。更住百劫。種相好因。修百福成一相。福義多途。難可定判。有云。大千盲人治差。爲一福等。修行六度。各有滿時。如尸毗王。代鴿檀滿。普明王。捨國尸滿。羼提仙人。爲歌利王割截。無恨忍滿。大施太子抒海。幷七日翹足。讚弗沙佛。進滿。尙闍梨鵲巢頂上。禪滿。劬嬪大臣分閻浮提七分。息諍。智滿。望初聲聞位。是下忍位。次入補處。生兜率。託胎出胎。出家降魔。安坐不動。爲中忍位。次一剎那入上忍位。次一剎那入世第一位。發眞無漏。三十四心。頓斷見思習氣。坐木菩提樹下。生草爲座。成劣應丈六身佛。受梵王請。三轉法輪。度三根性。住世八十年。現老比丘相。薪盡火滅。入無餘涅槃者。卽三藏佛果也。

지금까지 풀이한 (성문·연각·보살) 3인의 수행과 증과가 비록 같지 않지만 똑같이 견혹과 사혹을 끊고 똑같이 삼계를 벗어나며 똑같이 한편의 진리(偏眞)를 증득한다. 그러니 이는 단지 3백 유순을 가서 화성化城에 들어가는 것[132]일 따름이다.

---

132 3백~들어가는 것 : 『법화경』 「화성유품」에 나오는 비유. 번뇌를 끊고

간략하게 장교를 밝히는 것을 마친다.

上來所釋三人修行證果。雖則不同。然同斷見思。同出三界。
同證偏眞。只行三百由旬。入化城耳。略明藏敎竟。

2. 통교

다음으로 통교通敎를 밝힌다. 앞의 장교와 통하고 뒤의 별교 및 원교에도 통하므로 통교라고 부른다. 또한 이 가르침 자체에서 명칭을 얻는다. 즉 3승인이 똑같이 언설이 없는 도로써 색법을 체득하여 공空에 들어가므로 통교라고 부른다.

次明通敎者。通前藏敎。通後別圓。故名通敎。又從當敎得名。
謂三人同以無言說道。體色入空。故名通敎。

『대품반야경』에 의거한 건혜지乾慧地 등 십지(의 수행 계위)가 바로 이 가르침의 계위 순서이다.

삼계윤회를 벗어나는 소승적 해탈을 3백 유순 지점에 세워진 요술성(化城)으로 비유하였고, 궁극적인 성불을 5백 유순 지점에 있는 참된 보배성으로 비유하였다.

첫째, 건혜지는 아직 진리의 물이 없기 때문에 이러한 이름을 얻었다. 곧 외범위로서 장교의 오정심관·총상념처·별상념처위 등 세 계위와 같다.

둘째, 성지性地는 법성法性의 물을 얻은 것과 유사하여 견혹과 사혹을 억누른다. 곧 내범위로서 장교의 사선근위와 같다.

셋째, 팔인지八人地,[133] 넷째, 견지見地의 두 계위는 무간삼매無間三昧에 들어 삼계의 88사使 견혹을 완전히 끊고 참된 무루지를 발하여 진제의 이치를 본다. 장교의 초과와 같다.

다섯째, 박지薄地[134]는 욕계의 9품 사혹 가운데 앞의 6품을 끊으니 장교의 제2과와 같다.

여섯째, 이욕지離欲地는 욕계의 9품 사혹을 모두 끊어 장교의 제3과와 같다.

일곱째, 이판지已辦地[135]는 삼계의 견혹과 사혹을 완전히 끊

---

[133] 팔인지八人地 : 견도에서 팔인팔지八忍八智로 견혹을 끊는데 이 가운데 마지막인 도류지道類智를 아직 갖추지 못하고 8인과 7지만을 갖추는 단계라는 의미로서 팔인지八忍地라고도 한다.
[134] 박지薄地 : 욕계의 6품혹을 끊어 사혹이 얇아졌다는 의미.
[135] 이판지已辦地 : 색계와 무색계의 사혹마저 끊어 삼계의 견사혹이 모두 없어진 계위로서 참된 무루지無漏智가 일어나 '이미 갖추었다'는 의미로서 이작지已作地, 이변지已辦地라고도 한다. 아라한에 대한 묘사로서 상용화된 '할 바를 이미 다 하였다(所作已辦 혹은 所作已作)'에서 유래한 것으로 범어는 kṛtāvī-bhūmi이다.

는데 정사正使만을 끊을 뿐 습기를 없애지는 못한다. 마치 나무를 태워 숯을 만드는 것과 같으니 장교의 제4과와 같다. 성문의 계위는 여기서 끝난다.

여덟째, 벽지불지辟支佛地[136]는 다시 습기를 차츰 없애는데 마치 숯을 태워 재를 이루는 것과 같다.

아홉째, 보살지는 정사正使를 완전히 끊는 것이 이승과 같으나 습기에 의지하여 생사를 불리고[137] (이타의) 도道와 (자리의) 관觀을 함께 행하여 자유롭게 신통을 부리며 불국토를 청정하게 한다.

열째, 불지佛地이니, 근기와 인연이 무르익으면 일념一念에 상응하는 지혜로써 남은 습기를 단번에 끊고 칠보로 된 보리수 아래에 앉아 천의天衣[138]로 자리를 삼으며 열응신을 띤 승응신[139]을 나타내어 성불한다. 3승인의 근기와 성품을 위하여

---

136 벽지불지辟支佛地 : 벽지불이란 범어 pratyeka-buddha의 음역으로서 연각緣覺 혹은 독각獨覺이라고 번역한다. 성문과 함께 소승인데 부처님이 계시지 않을 때 숙세에서 수행한 인연으로 홀로 인연의 이치를 깨달은 성자이다.
137 습기에~불리고 : 이승과 같이 번뇌를 완전히 끊어 열반에 들어가는 것이 아니라 중생 제도를 위하여 조금 남겨 놓은 습기의 과보로서 생사세계에서 계속 삶을 받는 것을 말한다.
138 천의天衣 : 천신들이 입는 옷. 무게가 매우 가벼운데 도리천이 입는 옷은 6수銖, 약 3.3그램 정도이고 화락천이 입는 옷은 1수銖, 약 0.6그램이라고 한다.
139 열응신을 띤 승응신 : 통교는 사교의 근기를 가진 모든 중생들이 설법

무생사제無生四諦[140]의 법륜을 굴리고 인연이 다하면 열반에 들어간다. (이때) 정사와 습기를 모두 없애 버리니 마치 숯과 재가 모두 없어지는 것과 같다.

경전에 세 마리 짐승이 강을 건넌다고 하였으니 바로 코끼리와 말과 토끼이다.[141] 이는 번뇌를 끊음이 같지 않음을 비유한 것이다. 또 경전에 "제법실상諸法實相은 삼승이 모두 얻지만 역시 부처라고 부르지 않는다."[142]고 한 것이 바로 이 통교를 가리킨다. 이 가르침에서는 삼승의 원인(수행)이 같지만 결과(증득)는 다르다. 증득한 과보는 비록 다르더라도 똑같이 견혹과 사혹을 끊고 똑같이 분단생사分段生死[143]를 벗어나 똑같

　　대상이므로 시현하는 불신佛身이 기본적으로 범부나 이승도 볼 수 있는 1장 6척의 열응신이지만 때로 높은 근기 중생들을 위해서 승응신을 시현하기도 하므로 대열승응신帶劣勝應身이라고 한다.
140　무생사제無生四諦 : 인연에 따라 생겨났다가 사라지는 모든 유위법은 실상 자성이 공하므로 본래 생과 멸이 없다고 설하는 통교의 가르침. 앞의 주 89 참조.
141　『보요경普曜經』「소현상품所現象品」(T3, 488b).
142　출전이 확인되지 않으나 『대품반야경』 권27 「상제품常啼品」(T8, 416c)에 "일제법이 더럽지도 깨끗하지도 않다는(不垢不淨) 제법실상을 보고 법사를 따르면 오래되지 않아 반야바라밀을 성취할 수 있다."는 구절이 이와 유사한 취지인 것 같다.
143　분단생사分段生死 : 신체의 크기와 수명의 길이에 제한(分段)이 있는 중생들의 생사. 유루의 선업과 악업을 인으로 하고 번뇌장을 연으로 하여 받는 삼계 안의 거친 과보는 신체와 수명에 제한이 있으므로 분단신分段身이라 하고 이러한 생사를 분단생사라고 한다. 이에 비해 아

이 한편의 진리를 증득한다.

依大品經。乾慧等十地。卽是此敎位次也。一乾慧地。未有理水。故得其名。卽外凡位。與藏敎五停心。摠別等三位齊。二性地。相似得法性水。伏見思惑。卽內凡位。與藏敎四善根齊。三八人地。四見地。此二位入無間三昧。斷三界八十八使見盡。發眞無漏。見眞諦理。與藏敎初果齊。五薄地。斷欲界九品思前六品。與藏敎二果齊。六離欲地。斷欲界九品思盡。與藏敎三果齊。七已辦地。斷三界見思惑盡。但斷正使。不能侵習。如燒木成炭。與藏敎四果齊。聲聞位齊此。八辟支佛地。更侵習氣。如燒炭成灰。九菩薩地。正使斷盡。與二乘同。扶習潤生。道觀雙流。遊戲神通。淨佛國土。十佛地。機緣若熟。以一念相應慧。頓斷殘習。坐七寶菩提樹下。以天衣爲座。現帶劣勝應身成佛。爲三乘根性。轉無生四諦法輪。緣盡入滅。正習俱除。如炭灰俱盡。經云。三獸度河。謂象馬兎也。喩斷惑不同故。又經云。諸法實相。三乘皆得。亦不名佛。卽此敎也。此敎三乘。因同果異。證果雖異。同斷見思。同出分段。同證偏眞。

라한과 벽지불, 대력보살 등은 무루의 분별업을 인으로 하고 무명주지 혹을 연으로 하여 삼계 밖의 섬세하고 묘한 몸을 받는데 이를 변역신 變易身이라 하고 이러한 생사를 변역생사라 부른다. 이 두 가지를 합쳐서 이종생사二種生死라고 한다.

그런데 (통교의) 보살에는 두 종류가 있으니 이근利根보살과 둔근鈍根보살이다. 둔근기는 치우치게 공의 측면만 보고 불공不空은 보지 못하므로 이 통교 안에서 과보상의 부처(果頭佛)[144]를 이루는 데 그친다. 수행의 원인은 비록 다르지만 과보는 장교와 같으므로 '앞과 통한다'고 한다. 이근보살은 공을 볼 뿐만 아니라 불공도 겸하여 보는데, 불공이란 중도中道이다. (중도는) 두 종류로 나뉘는데 단중但中과 부단중不但中[145]이다. 만일 단중만 보면 별교로 접속되고 부단중을 보면 원교로 접속된다. 그러므로 '뒤와 통한다'고 한다.

🔲 어느 계위에서 접속(受接)[146]되어 어느 계위로 들어가는가?

---

144 과두불果頭佛 : '頭'는 큰 의미가 없는 접미사. 이 가르침을 따라 수행해서 얻는 궁극의 과보는 부처라는 의미. 그러나 둔근기 보살은 제7 이판지에서 공空을 증득하여 열반에 들고 이근기 보살은 9지 이전에 별교나 원교에 접속되어 수행을 이어 가므로 실제로 통교만으로 성불하는 이는 없다고 한다. 이를 '과두무인果頭無人'이라고 한다.

145 단중但中과 부단중不但中 : 별교에서 이해를 쉽게 하기 위하여 공제 및 가제와 별도로 설하는 중도의 진리를 단중이라 하며, 모든 법의 현상이 그대로 공이고 가이며 중도라고 원융의 실상대로 설하는 원교의 숭노가 부단중이다.

146 수접受接 : 피접被接이라고도 한다. 통교나 별교의 수행자 가운데 근기가 뛰어난 사람이 교설에 포함된 중도의 진리를 이해하여 직접 더 수승한 별교나 원교의 가르침으로 들어가는 것. 통교를 듣고 별교로 들어가는 별접통別接通(혹은 別入通), 통교를 듣고 원교로 들어가는 원접통圓接通(혹은 圓入通), 별교를 듣고 원교로 들어가는 원접별圓接別(혹은 圓入別) 등 세 가지가 있다.

🈳 접속되는 사람은 세 가지로 근기가 다르다. 상근기는 제3지나 4지에서 접속되고 중근기 사람은 5지나 6지에서, 하근기 사람은 7지나 8지에서 접속된다. 접속되는 가르침은 진위眞位와 상사위相似位[147]가 다르다. 상사위의 경우 별교의 십회향, 원교의 십신위에 접속되고, 진위의 경우 별교의 초지, 원교의 초주에 접속된다.

🈯 이 장교와 통교의 두 가르침은 똑같이 삼승으로서 4주지의 번뇌를 끊고 삼계를 벗어나 한편의 진리를 증득하고 3백 유순을 가서 화성化城에 들어가는 것도 똑같은데 어찌하여 둘로 나뉘는가?

🈳 진실로 묻는 바와 같다. 하지만 같으면서도 같지 않으니 증득함은 비록 같지만 크고 작음, 교묘함과 졸렬함이 영영 다르다. 이 두 가르침은 (똑같이) 삼계 안의 가르침이지만 장교는 삼계 안에서도 작고 졸렬하다. 큰 것에 통하지 않으므로 작다 하고 색을 분석하여 공에 들어가므로 졸렬하다고 한다. 이 가르침의 삼승인은 비록 가르침 안에서는 상·중·하의 차이가 있지만 통교의 삼승인에 비교하면 대개 둔근기이다. 그

---

147 진위眞位와 상사위相似位 : 일부라도 무명을 끊은 자리를 진위라 하고, 무명을 끊지 못한 계위를 상사위라고 한다. 육즉위에 의하면 분진즉分眞卽이 진위이고 상사즉相似卽이 상사위에 해당하는데 별교의 초지 이상, 원교의 초주 이상이 진위이다.

러므로 반드시 (색을) 분석하여 (집착을) 깨뜨린다. 통교는 삼계 안이지만 크고 교묘하다. 크다는 것은 대승의 첫 관문이기 때문이고 교묘하다는 것은 색을 체득하여 공에 들어가기[148] 때문이다. 비록 이 가르침 안의 삼승인은 상·중·하의 차이가 있지만 장교와 비교하면 대개 이근기이다.

문 (통교는) 가르침이 이미 대승인데 어찌하여 이승의 수행인이 있는가?

답 주작문朱雀門[149]이라고 하여 어찌 백성들이 출입하는 것을 막겠는가? 수행인은 비록 작은 이도 있지만 가르침은 반드시 큰 것이다. 대승에 소승을 겸하여 점차 진실로 들어가도록 인도하니 어찌 교묘하지 않은가. 반야부와 방등부 안에 (설해진) 공반야共般若[150] 등이 바로 이 통교이다.

간략히 통교를 밝히는 것을 마친다.

---

148 색을~들어가기 : 통교에서는 오온 전체가 본래 없음을 관하여(體空觀) 공을 깨닫는다는 의미. 이에 비해 장교에서는 색을 비롯한 오온 하나하나가 부상·무아·고임을 관하여(析空觀) 공을 깨달으므로 '색을 분석하여 공에 들어간다(析色入空)'고 한다.
149 주작문朱雀門 : 송宋과 고려시대 황성皇城의 남쪽 문. 황제가 통행하는 문이지만 일반 백성이 다니지 못하는 것은 아니다.
150 공반야共般若 : 성문과 연각 등 소승 근기와 대승 보살에게 함께 설해진 반야. 『대지도론』에 나오는 내용으로서 보살에게만 설해진 불공반야不共般若의 상대어이다.

然於菩薩中。有二種。謂利鈍。鈍則但見偏空。不見不空。止成當教果頭佛。行因雖殊。果與藏教齊。故言通前。若利根菩薩。非但見空。兼見不空。不空卽中道。分二種。謂但不但。若見但中。別敎來接。若見不但中。圓敎來接。故言通後。問何位受接。進入何位。答受接人。三根不同。若上根。三地四地被接。中根之人。五地六地。下根之人。七地八地。所接之敎。眞似不同。若似位被接。別十迴向圓十信位。若眞位受接。別初地圓初住。問此藏通二敎。同是三乘。同斷四住。止出三界。同證偏眞。同行三百由旬。同入化城。何故分二。答誠如所問。然同而不同。所證雖同。大小巧拙永異。此之二敎。是界內敎。藏是界內小拙。不通於大故小。析色入空故拙。此敎三人。雖當敎內。有上中下異。望通三人。則一槪鈍根。故須析破也。通敎則界內大巧。大謂大乘初門故。巧謂體色入空故。雖當敎中。三人上中下異。若望藏敎。則一槪爲利。問敎旣大乘。何故有二乘之人。答朱雀門中。何妨庶民出入。故人雖有小。敎定是大。大乘兼小。漸引入實。豈不巧哉。般若方等部內。共般若等。卽此敎也。略明通敎竟。

표 7 ❙ 통교와 장교의 수행 계위 비교

통교 계위	수행 내용		장교 계위			
불지佛地			불			
보살지菩薩地	중생 제도, 불국 청정		보살			
벽지불지辟支佛地	견사혹의 습기를 침범함	성인	벽지불	성문	연각	보살
이판지已辦地	삼계의 견사혹을 다 끊음		아라한			
이욕지離欲地	욕계 나머지 사혹을 끊음		아나함			
박지薄地	욕계 전6품 사혹을 끊음		사다함			
견지見地	견혹을 끊음		수다원			
팔인지八人地						
성지性地	견사혹 조복	내범부	사선근위			
건혜지乾慧地		외범부	오정심·총상념·별상념			

3. 별교

다음에 별교別敎를 밝힌다. 이 가르침은 삼계 밖[151] 보살만의 법을 밝힌다. 가르침·이치·지혜·(번뇌) 단절·수행·계위·원인·결과 등이 앞의 2교와 다르고 뒤의 원교와도 구별되므로 별교라고 부른다. 『열반경』에서 사성제의 인연에는 무량한 모습이 있으므로 성문과 연각이 알 수 없다고 하였다.[152]

---

151 삼계 밖 : 물리적으로 삼계 외의 세계는 없다. 삼계 밖(界外)이라는 말은 윤회를 벗어났다는 의미이다.
152 『대반열반경』 권11 「성행품聖行品」의 내용을 요약.

次明別教者。此教明界外。獨菩薩法。教理智斷行位因果。別
前二教。別後圓教。故名別也。涅槃云。四諦因緣。有無量相。
非聲聞緣覺所知。

여러 대승경전에서 보살이 여러 겁을 보내면서 수행하는
것을 상세히 밝히고 있는 가운데 수행 계위의 순서가 서로 통
섭되지 못하는 것은 모두 이 별교의 모습이다. 『화엄경』에서
밝히고 있는 것은 십주·십행·십회향을 현인의 계위(賢位)로
삼고, 십지를 성인, 묘각妙覺을 부처로 삼는다. 『영락경』에서
는 52위를 밝히고 있고,[153] 『금광명경』에서는 십지와 불과佛果
만을 내놓는다.[154] 『승천왕경勝天王經』에서는 십지를 밝히고 있
고,[155] 『열반경』에서는 오행을 밝힌다.[156]

이렇듯 여러 경전에서 많고 적음이 같지 않은 것은 삼계
밖의 보살 근기에 따라 이익 되게 하기 때문이다. (그러니) 어

---

[153] 『보살영락본업경菩薩瓔珞本業經』 권상 「현성명자품賢聖名字品」(T24, 1011a).
[154] 『금광명최승왕경金光明最勝王經』 권4 「최정지다라니품最淨地陀羅尼品」(T16, 417c).
[155] 『승천왕반야바라밀경勝天王般若波羅蜜經』 권2 「법계품法界品」(T8, 693c).
[156] 『대반열반경』 권11 「성행품聖行品」(T12, 673b). 오행이란 첫째 거룩한 행(聖行), 둘째 청정한 행(梵行), 셋째 하늘의 행(天行), 넷째 아기의 행(嬰兒行), 다섯째 병 고치는 행(病行)이다.

찌 정해진 설이 있겠는가? 그러나 계위의 차례가 두루 갖추어진 것은 『영락경』만한 것이 없으므로 지금은 그 경전에 의거하여 보살이 계위를 거치면서 (번뇌를) 끊고 (지혜를) 증득하는 모습을 간략히 밝히겠다.

52위를 일곱 조목으로 묶는데, 그것은 십신·십주·십행·십회향·십지·등각·묘각이다. 또 일곱 조목을 둘로 나누니 범부와 성인이며, 범부는 다시 둘로 나눈다. 십신은 외범外凡이고, 십주·십행·십회향은 내범內凡이며 또한 현인賢人이라고 부른다. 성인도 역시 둘로 나누는데, 십지와 등각은 원인이 되고 묘각은 과보가 된다. 크게 나누면 이와 같으니 아래에서 상세히 풀이하겠다.

먼저 십신十信이란 첫째 신信, 둘째 염念, 셋째 정진精進, 넷째 혜慧, 다섯째 정定, 여섯째 불퇴不退, 일곱째 회향廻向, 여덟째 호법護法, 아홉째 계戒, 열 번째 원願이다. 이 열 계위에서 삼계의 견혹과 사혹의 번뇌를 억누르기(伏) 때문에 복인위伏忍位[157]【외범이다.】라고 부르는데 장교의 칠현위,[158] 통교의 건혜

---

[157] 복인위伏忍位 : 오인 가운데 가장 아래 단계. 복伏이란 번뇌를 억누른다는 말이고 인忍이란 지혜를 인가한다는 말이다. 아직 무루지를 얻지 못했지만 유루지로써 번뇌를 억누르는 지전地前보살들을 가리킨다. 오인五忍이란 『인왕반야경』 권상에 나오는 설로서 복인伏忍(3현), 신인信忍(초지~3지), 순인順忍(4지~6지), 무생인無生忍(7지~9지), 적멸인寂滅忍(10지와 불지)을 말한다.

지·성지와 대등하다.

다음에 십주十住를 밝힌다. 첫째 발심주發心住[삼계의 견혹을 완전히 끊어서 장교의 초과, 통교의 팔인지·견지와 대등하다.], 둘째 치지주治地住, 셋째 수행주修行住, 넷째 생귀주生貴住, 다섯째 구족방편주具足方便住, 여섯째 정심주正心住, 일곱째 불퇴주不退住[이상의 6주는 삼계의 사혹을 완전히 끊는다. 계위가 물러나지 않는 지위(位不退)를 얻으며 장교 및 통교의 부처와 대등하다.], 여덟째 동진주童眞住, 아홉째 법왕자주法王子住, 열째 관정주灌頂住[이상의 3주는 삼계 안의 진사혹을 끊고 삼계 바깥의 진사혹을 억누르는데 앞의 두 교에서는 (진사혹이라는) 이름도 알지 못한다.]이다. (이들은) 또한 습종성習種性[159]이라고도 부르는데 종가입공관從假入空觀을 써서 진제의 이치를 보고 혜안慧眼을 열며 일체지一切智를 이루어 3백 유순을 간다.[160]

---

158 칠현위 : 외범인 오정심관·총상념처·별상념처위와 내범인 난·정·인·세제일위를 말한다.

159 습종성習種性 : 『보살영락본업경』 권상 「현성학관품賢聖學觀品」(T24, 1012b)에 설해진 보살의 여섯 종성(gotra) 가운데 첫 번째. 육종성이란 다음과 같다. ① 습종성習種性(십주, 공관空觀을 익히면서 견사혹을 끊는 자리) ② 성종성性種性(십행, 공에 머물지 않고 가관을 통해 일체의 법성을 분별하여 중생들을 교화하는 자리) ③ 도종성道種性(십회향, 중관을 익혀 일체의 불법에 통달해 가는 자리) ④ 성종성聖種性(십지, 중도관을 통해 일부분씩 무명을 깨고 성인 계위에 오르는 자리) ⑤ 등각성等覺性(보처보살) ⑥ 묘각성妙覺性(불과).

160 3백~간다 : 『법화경』 「화성유품化城喩品」에 나오는 비유로서 목적지

십행十行을 밝힌다. 첫째 환희행歡喜行, 둘째 요익행饒益行, 셋째 무위역행無違逆行, 넷째 무굴요행無屈撓行, 다섯째 무치란행無癡亂行, 여섯째 선현행善現行, 일곱째 무착행無著行, 여덟째 난득행難得行, 아홉째 선법행善法行, 열째 진실행眞實行이다〔삼계 바깥의 진사혹을 끊는다.〕. 또한 성종성性種性이라고 부르는데, 종공입가관從空入假觀을 써서 속제俗諦를 보고 법안法眼을 열며 도종지道種智를 이룬다.

다음에 십회향十廻向을 밝힌다. 첫째 중생을 구호하지만 중생이라는 생각을 떠난 회향, 둘째 무너지지 않는 회향, 셋째 일체의 부처님과 동등한 회향, 넷째 모든 곳에 이르는 회향, 다섯째 공덕을 무한하게 쌓는 회향, 여섯째 일체가 평등한 선근善根에 들어가는 회향, 일곱째 모든 중생에게 평등하게 수순隨順하는 회향, 여덟째 진여상眞如相 회향, 아홉째 묶임도 없고 집착도 없이 해탈한 회향, 열째 무량한 법계에 들어가는 회향〔무명혹을 억누르고 중관中觀을 익힌다.〕이다. 또한 도종성道種性이라고도 부르는데 4백 유순을 가서 방편유여토方便有餘土[161]

인 보배성까지는 5백 유순을 가야 하지만 여행자들에게 용기를 주기 위해 인도자가 3백 유순 지점에 가짜 성을 만들어 놓았다는 것. 이 가짜 성은 소승의 열반을 비유한 것이다.

161 방편유여토方便有餘土 : 천태종에서 설하는 사종 불토佛土 가운데 하나. 4종 불토란 다음과 같다. ① 범성동거토凡聖同居土(범부와 성문·연각의 성인들이 함께 머무는 국토로서 정토와 예토의 구별이 있다.)

에 머문다[이상의 30위는 삼현三賢이 되는데 내범內凡이라고도 부른다. 제8주로부터 여기(제10회향)까지는 수행이 물러나지 않는 계위(行不退)이다.].

다음에 십지十地를 밝힌다. 첫째 환희지歡喜地[여기서부터 중도관中道觀을 써서 한 부분의 무명을 깨고 한 부분의 삼덕三德을 드러낸다. 등각等覺에 이르기까지 모두 성종성聖種性이라고 부른다.]는 견도위見道位이며 또한 (작위적인) 공용이 없는 계위이다. 1백의 세계에서 성불하는데 팔상八相으로 도를 이루어 중생들을 이익 되게 하며 5백 유순을 간다. 처음으로 실보무장애토實報無障閡土에 들어가니 보배가 있는 장소에 처음 가는 것이다. 둘째 이구지離垢地, 셋째 발광지發光地, 넷째 염혜지燄慧地, 다섯째 난승지難勝地, 여섯째 현전지現前地, 일곱째 원행지遠行地, 여덟째 부동지不動地, 아홉째 선혜지善慧地, 열째 법운지法雲地이다[이상의 9지에서는 각 지마다 1품의 무명을 끊고 한 부분의 중도를 증득한다.].

다시 1품(의 무명)을 끊고 등각위等覺位에 들어간다. (이 지위를) 금강심金剛心이라고도 하고 일생보처一生補處라고도 하

---

② 방편유여토方便有餘土(아라한·벽지불·지전보살 등이 머무는 곳으로서 방편도로써 견사혹을 끊지만 아직 중도 실상을 가리고 있는 무명혹이 남아 있다는 의미) ③ 실보무장애토實報無障礙土(일부분의 무명을 끊고 참된 과보를 얻고 장애가 없는 보살들의 세계. 별교의 초지 이상, 원교의 초주 이상 보살들이 머문다.) ④ 상적광토常寂光土(근본 무명을 완전히 끊고 상주하는 법신을 얻은 불타가 머무는 국토).

며 유상사有上士[162]라고도 한다.

다시 1품의 무명을 깨고 묘각위妙覺位에 들어간다. 연화장 세계에서 칠보로 된 보리수 아래 대보화왕좌大寶華王座에 앉고 원만한 보신報身을 나타내 둔근기의 보살 대중을 위하여 무량사제無量四諦의 법륜을 굴리는 것이 바로 이 (별교의) 부처님이다.

어떤 경전과 논서[163]에서는 제7지 이전을 공력의 사용이 있는 도, 제8지 이상을 공력의 사용이 없는 도[164]라고 하고 묘각위에서 다만 1품의 무명을 깨뜨린다고 한다. (하지만) 이들은 모두 가르치는 도(敎道)에 의거한 설[165]이다. 어떤 곳에서는 초지에서 견혹을 끊고 제2지에서 제6지까지 사혹을 끊어서 아라한과 대등하다고 한다. 하지만 이는 별교의 계위 이름을 빌려서 통교의 계위에 이름을 붙인 것뿐이다. 어떤 곳에서는 "삼현과 십성은 과보에 머물고 오직 부처 한 분만 정토에 거주하네."[166]라고 하는데, 이는 별교의 (계위) 명칭을 빌려서 원

---

162 유상사有上士 : 위가 있는 보살이라는 의미로서 무상사無上士의 상대어이다.
163 『화엄경』 권26, 『해심밀경』 권4, 『성유식론』 권9 등을 가리킨다.
164 공력의~도 : 중도를 증득하여 작위적인 공력을 기울이지 않아도 자연히 수행이 되는 지위.
165 가르치는~설 : 법을 가르치기 위한 방편설이지 실제 수행할 때는 이와 같지 않다는 의미.
166 『인왕경』 권상 「보살교화품」(T8, 828a).

교의 계위를 밝힌 것이다.

이와 같은 종류가 매우 많다. 모름지기 이 별교의 끊고 증득하는 계위가 어느 계위에 이르러 어떤 번뇌를 끊고 어떤 이치를 증득하는지 자세히 알아서 여러 가르침의 계위를 판단한다면 통달하지 않는 것이 없을 것이다.

간략하게 별교를 밝히는 것을 마친다.

諸大乘經。廣明菩薩。歷劫修行。行位次第。互不相攝。此並別教之相也。華嚴明十住十行十迴向爲賢。十地爲聖。妙覺爲佛。纓珞明五十二位。金光明但出十地佛果。勝天王明十地。涅槃明五行。如是諸經。增減不同者。界外菩薩。隨機利益。豈得定說。然位次周足。莫過纓絡經。故今依彼。略明菩薩歷位斷證之相。以五十二位。束爲七科。謂信住行向地等妙。又合七爲二初凡二聖。就凡又二。信爲外凡。住行向爲內凡。亦名爲賢。約聖亦二。十地等覺爲因。妙覺爲果。大分如此。自下細釋。初言十信者。一信二念三精進四慧五定六不退七迴向八護法九戒十願。此十位伏三界見思煩惱。故名伏忍位【外凡】。與藏教七賢位通教乾慧性地齊。次明十住者。一發心住【斷三界見惑盡。與藏教初果通教八人見地齊】。二治地。三修行。四生貴。五具足方便。六正心。七不退【已上六住。斷三界思惑盡。得位不退。與藏通二佛齊】。八童眞。九法王子。十灌頂【已上三住。斷界內塵沙。伏界外塵沙。

前二不知名目】。亦名習種性。用從假入空觀。見眞諦理。開慧眼。成一切智。行三百由旬。次明十行者。一歡喜。二饒益。三無違逆。四無屈撓。五無癡亂。六善現。七無著。八難得。九善法。十眞實【斷界外塵沙惑】。亦云性種性。用從空入假觀。見俗諦。開法眼。成道種智。次明十迴向者。一救護衆生離衆生相。二不壞。三等一切諸佛。四至一切處。五無盡功德藏。六入一切平等善根。七等隨順一切衆生。八眞如相。九無縛無著解脫。十入法界無量【伏無明習中觀】。亦名道種性。行四百由旬。居方便有餘土【已上三十位爲三賢。亦名內凡。從八住至此。爲行不退位】。次明十地者。一歡喜【從此用中道觀。破一分無明。顯一分三德。乃至等覺。俱名聖種性】。此是見道位。又無功用位。百界作佛。八相成道。利益衆生。行五百由旬。初入實報無障閡土。初入寶所。二離垢地。三發光地。四焰慧地。五難勝地。六現前地。七遠行地。八不動地。九善慧地。十法雲地【已上九地。地地各斷一品無明。證一分中道】。更斷一品。入等覺位。亦名金剛心。亦名一生補處。亦名有上士。更破一品無明。入妙覺位。坐蓮華藏世界七寶菩提樹下大寶華王座。現圓滿報身。爲鈍根菩薩衆。轉無量四諦法輪。即此佛也。有經論說。七地已前。名有功用道。八地已上。名無功用道。妙覺位但破一品無明者。摠是約教道說。有處說。初地斷見。從二地至六地斷思。與羅漢齊者。此乃借別教位名。名通教位耳。有云。三賢十聖住果報。唯佛一人居淨土。此借別教名。明圓教位也。如此流類甚衆。須細知當教斷證之位。至何位。斷何惑。證何理。往判諸教諸位。無不通達。略明別教竟。

표 8 | 별교의 수행 계위와 단혹

	묘각妙覺	불		
	등각等覺	일생보처		
십지 十地	10. 법운지法雲地		1품씩 무명을 끊음 일부분씩 삼덕을 드러냄	성종성 聖種性 중관
	9. 선혜지善慧地			
	8. 부동지不動地			
	7. 원행지遠行地			
	6. 현전지現前地			
	5. 난승지難勝地			
	4. 염혜지燄慧地			
	3. 발광지發光地			
	2. 이구지離垢地			
	1. 환희지歡喜地	견도見道		
십회향 十迴向	10. 입법계무량회향入法界無量迴向	내범內凡 3현	무명혹을 억누름	도종성 道種性 중관을 익힘
	9. 무박무착해탈회향 無縛無著解脫迴向			
	8. 진여상회향眞如相迴向			
	7. 등수순일체중생회향 等隨順一切衆生迴向			
	6. 입일체평등선근회향 入一切平等善根迴向			
	5. 무진공덕장회향無盡功德藏迴向			
	4. 지일체처회향至一切處迴向			
	3. 등일체제불회향等一切諸佛迴向			
	2. 불괴회향不壞迴向			
	1. 구호중생이중생상회향 救護衆生離衆生相迴向			

십행 十行	10. 진실행眞實行	내범內凡 3현	삼계 밖 진사혹을 끊음	성종성 性種性 종공입가관 도종지, 법안
	9. 선법행善法行			
	8. 난득행難得行			
	7. 무착행無著行			
	6. 선현행善現行			
	5. 무치란행無癡亂行			
	4. 무굴요행無屈撓行			
	3. 무위역행無違逆行			
	2. 요익행饒益行			
	1. 환희행歡喜行			
십주 十住	10. 관정주灌頂住		삼계 안 진사혹 끊음 삼계 밖 진사혹 억누름	습종성 習種性 종가입공관 일체지, 혜안
	9. 법왕자주法王子住			
	8. 동진주童眞住			
	7. 불퇴주不退住		삼계의 사혹을 끊음	
	6. 정심주正心住			
	5. 구족방편주具足方便住			
	4. 생귀주生貴住			
	3. 수행주修行住			
	2. 치지주治地住			
	1. 발심주發心住		삼계의 견혹을 끊음	
십신 十信	10. 원願	외범外凡	삼계의 견사혹을 억누름	복인위 伏忍位
	9. 계戒			
	8. 호법護法			
	7. 회향廻向			
	6. 불퇴不退			
	5. 정定			
	4. 혜慧			
	3. 정진精進			
	2. 염念			
	1. 신信			

4. 원교

다음에 원교圓敎를 밝힌다. '원圓'이라는 명칭은, (가르침이) 원묘圓妙·원만圓滿·원족圓足·원돈圓頓이기 때문에 원교라고 부른다. 즉 원(원묘·원만·원족·원돈)의 억누름, 원의 믿음, 원의 끊음, 원의 수행, 원의 계위, 원의 자재장엄自在莊嚴, 원의 건립 중생建立衆生이다.

> 次明圓敎者。圓名圓妙圓滿圓足圓頓。故名圓敎也。所謂圓伏
> 圓信圓斷圓行圓位圓自在莊嚴圓建立衆生。

여러 대승 경론에서 부처님의 경계를 설하면서 삼승의 계위와 공통되지 않은 것은 모두 이 원교에 속한다. 『법화경』 중에 (설해진) "개開·시示·오悟·입入"[167] 네 글자는 원교의 십주·십행·십회향·십지에 대비되니 이는 40위이다. 『화엄경』에 "처음 발심하였을 때 곧 정각을 이룬다. 모든 지혜는 다른 것에 말미암아 깨닫는 것이 아니다."[168] "청정하고 묘한 법신

---

167 개開·시示·오悟·입入 : 『법화경』「방편품」(T9, 7a)에 있는 내용으로서 부처님이 세상에 출현하신 궁극의 이유, 즉 일대사인연一大事因緣이 모든 중생들에게 부처님의 지견을 열어(開) 보이고(示) 깨달아(悟) 들어가게(入) 하려는 데 있음을 설한 내용.

168 『화엄경』 권8 「범행품梵行品」(T9, 449c).

이 고요히 일체에 응한다."¹⁶⁹고 하였는데, 이는 원교의 42위를 밝힌 것이다. 『유마경』에서는 "첨복簷蔔¹⁷⁰ 숲에서는 다른 향을 맡을 수 없듯이 이 방에 들어오는 이는 오직 부처님들의 공덕의 향기만 맡는다."¹⁷¹고 하였고, 또 "둘이 아닌 법문에 들어간다."¹⁷²고 하였다. 『반야경』에서는 최고의 교법(最上乘)을 밝혔고,¹⁷³ 『열반경』에서는 한 마음에 갖추어진 오행五行¹⁷⁴을 밝히고 있다. 또 경전에 "사람이 큰 바다에서 목욕하면 이미 일체 모든 강물을 사용한 것"¹⁷⁵이라 하고, "사가라용왕이 수레의 굴대(車軸) 같은 비를 퍼부으면 큰 바다만 받아들일 수 있을 뿐 다른 땅은 감당하지 못한다."¹⁷⁶고 하였다. 또 "만 가지 향을 찧어 환을 만들면 한 낱을 태워도 온갖 향기를 품는다."¹⁷⁷고 하였다. 이와 같은 부류는 모두 원교에 속한다.

---

169 『화엄경』 권7 「현수보살품賢首菩薩品」(T9, 438a) 등. 이와는 문장이 조금 다르다.
170 첨복簷蔔 : 첨복瞻蔔이라고도 쓰며, 범어 campaka의 음역으로서 황화수黃化樹, 금색화수金色花樹로 번역한다. 키가 큰 나무로 금빛 꽃은 향기가 매우 강하여 금시조가 앉는다고 한다.
171 『유마힐소설경』 권중 「관중생품觀衆生品」(T14, 548a).
172 『유마힐소설경』 권중 「입불이법문품入不二法門品」(T14, 550b).
173 『금강경』(T8, 750c) 등.
174 『열반경』 권22 「광명변조고귀덕왕보살품光明遍照高貴德王菩薩品」(T12, 747c).
175 『열반경』 권22 「광명변조고귀덕왕보살품」(T12, 753b).
176 『화엄경』 권27 「십지품」(T9, 573a).

諸大乘經論。說佛境界。不共三乘位次。摠屬此教也。法華中開示悟入四字。對圓教住行向地。此四十位。華嚴云。初發心時便成正覺。所有慧身不由他悟。淸淨妙法身。湛然應一切。此明圓四十二位。維摩經云。簷蔔林中不嗅餘香。入此室者。唯聞諸佛功德之香。又云。入不二法門。般若明最上乘。涅般明一心五行。又經云。有人入大海浴。已用一切諸河之水。又婆伽羅龍澍車軸雨。唯大海能受。餘地不堪。又擣萬種香爲丸。若燒一塵。具足衆氣。如是等類。並屬圓教。

1) 원교의 수행 계위

이제 『법화경』과 『영락경』에 의기하여 간략히 (원교의) 계위를 밝히면 여덟 단계가 있으니 첫 번째 오품제자위[외범이며 『법화경』에 나온다.], 두 번째 십신위[내범], 세 번째 십주위[성인의 처음], 네 번째 십행, 다섯 번째 십회향, 여섯 번째 십지, 일곱 번째 등각[인위因位의 끝이다.], 여덟 번째 묘각[과위果位이다.]이다.

今且依法華瓔珞。略明位次有八。一五品弟子位[外凡。出法華

---

177 만 가지~품는다 : 문장은 다르지만 이와 같은 의미가 담긴 비유는 『수능엄삼매경』 권상(T15, 633b)에 나온다.

經】。二十信位【內凡】。三十住位【聖初】。四十行。五十迴向。六十地。七等覺【是因位末】。八妙覺【是果位】。

(1) 오품제자위

먼저 오품제자위五品弟子位를 밝히면, 첫째는 수희품隨喜品이다. 경전에 "이 경을 듣더라도 비방하지 않고 따라서 기뻐하는 마음을 일으킨다."[178]고 하였다.

🔲 어떤 법을 따라서 기뻐하는가?

🔲 묘법妙法이다.

묘법이란 바로 마음이다. 묘한 마음의 체體가 (일체법을) 갖추는 것이 여의주와 같으므로 "마음과 부처와 중생, 이 세 가지는 차별이 없다."[179]고 하는 것이다. 이 마음은 공空에 상즉相卽해 있고 가假에도 상즉해 있고 중中에도 상즉해 있다. 항상한 경계는 상相이 없고 항상한 지혜는 반연함이 없다. 반연함 없이 반연하므로 삼관三觀 아닌 것이 없고, 상이 없이 상을 가지므로 삼제三諦가 뚜렷하다. 초심자일 때부터 이를 알아서 스스로 기뻐하고 남도 기쁘게 하므로 '따라서 기뻐한다

---

178 『법화경』 권5 「분별공덕품分別功德品」(T9, 45b). 이하 오품제자위를 설명하는 전거로 인용되는 경문은 모두 「분별공덕품」에 나오는 내용이다.
179 『화엄경』 권10 「야마천궁보살설게품夜摩天宮菩薩說偈品」(T9, 465c).

(隨喜)'고 한다. 안으로 삼관으로써 삼제의 경계를 관하고 밖으로는 오회五悔[180]로써 부지런히 정진을 더하여 이치를 이해할 수 있도록 돕는다.

> 初五品位者。一隨喜品。經云。若聞是經而不毀訾。起隨喜心。問隨喜何法。答妙法。妙法者。卽是心也。妙心體具。如如意珠。心佛及衆生。是三無差別。此心卽空卽假卽中。常境無相。常智無緣。無緣而緣。無非三觀。無相而相。三諦宛然。初心知此。慶己慶人。故名隨喜。內以三觀。觀三諦境。外以五悔。勤加精進。助成理解。

오회는 다음과 같다. (첫째 참회는) 두 가지가 있으니, 하나는 이치로 참회하는 것(理懺)이고, 하나는 일로써 참회하는 것(事懺)이다. 이치로 참회하는 것은 "만일 참회하고자 한다면 단정히 앉아서 실상實相을 생각하라. 뭇 죄들은 서리나 이슬 같아서 지혜의 해로써 소멸시킬 수 있다."[181]는 것이 이 뜻이다. 일로써 참회하는 것이란, 밤과 낮 여섯 차례에 삼업三業을 청정히 하고 불상 앞에서 죄를 진술하는 것이니, '무시 이래

---

180 오회五悔 : 죄를 소멸하기 위한 다섯 가지 방법으로서 참회懺悔·권청勸請·수희隨喜·회향迴向·발원發願이다.
181 『관보현보살행법경』(T9, 393b).

지금의 몸에 이르기까지 지었던 오역 십악들, 곧 부모를 죽이고 아라한을 죽이고 승가의 화합을 깨뜨리고 부처님의 몸에 피를 내고, 사음하고 훔치고 거짓말하고 말을 꾸미고 이간질하고 욕하고 탐내고 성내고 어리석었던 일과 나머지 일체(의 죄)를 뜻대로 드러내어 다시 감추지 않겠나이다. 옛일을 마치고 새로 짓지 않겠나이다'라고 하는 것이다. 이와 같이 하면 밖의 장애가 점차 제거되고 안으로 관함이 더욱 밝아져서 마치 물결 따라 가는 배에 노까지 젓는 것과 같으니 어찌 머물 곳에 신속히 도달하지 않겠는가. 원교의 수행을 닦는 것도 이와 같으니 원교의 이치를 바로 관하면서 일로 행하는 수행(事行)으로 돕는다면 어찌 묘각의 피안에 속히 이르지 않겠는가.

이러한 설을 보고 곧장 '점차적인 수행'이라고 말하지 말라. 원돈圓頓의 법에 이와 같은 수행이 없다고 하는 것은 매우 잘못된 것이다. 어느 곳에 천연의 미륵과 자연의 석가가 있겠는가. 어떤 이는 '생사는 열반과 상족해 있다',[182] '번뇌는 보리에 상즉해 있다',[183] '마음이 곧 부처이다',[184] '움직이지 않고도 곧장 도달한다', '수행을 더하지 않아도 바로 정각을 이룬다'

---

182 『대보적경』 권90 「우바리회優波離會」(T11, 519a) 등.
183 지의, 『법화현의法華玄義』 권9(T33, 789c). "一切煩惱卽是菩提" 등.
184 『관무량수경』(T12, 343a), "是心作佛 是心是佛" 『화엄경』 권6(T10, 688a), "自心卽佛法" 등.

는 말을 듣자마자, 시방 세계는 모두 정토이니 향하고 대면하는 이 가운데 깨닫지 않은 이가 없다고 한다. 하지만 지금 부처에 상즉해 있는 것은 이치로서 상즉한(理即) 것이며 바탕으로서의 법신(素法身)일 뿐이다. 장엄함이 없다면 수행하는 것과 증득함이 어찌 관련이 있겠는가. 우리 어리석은 무리들이 "공에 상즉해 있다(即空)."는 말을 듣자마자 수행을 폐해 버린다면, "즉(即)"이라는 말의 연유를 모르는 것이니 쥐가 찍찍거리고 새가 구구대는 것과 같다. 경론에 자세히 있으니 찾아서 생각해 보아야 할 것이다.

(오회의) 둘째는 권청勸請이다. 시방의 모든 여래들이 몸을 오래 머무르면서 중생들을 구제하실 것을 청하는 것이다. 셋째 수희隨喜란 모든 선근善根을 따라 기뻐하고 칭찬하는 것이다. 넷째 회향廻向이란 칭찬받을 모든 선善을 다 보리로 회향하는 것이다. 다섯째는 발원이니, 만일 발심이 없다면 만사가 이루어지지 않는다. 그러므로 반드시 발심하여 앞의 네 가지를 이끌어야 한다. 이것이 오회이니 아래의 여러 계위로부터 곧장 등각에까지 모두 오회를 사용한다. 다시 내놓지 않을 것이니 이를 미루어 보면 알 것이다.

言五悔者。有二。一理二事。理懺者。若欲懺悔者。端坐念實相。衆罪如霜露。慧日能消除。即此義也。言事懺者。晝夜六時三業淸淨。對於尊像。披陳過罪。無始已來。至于今身。凡所造作。殺父。殺母。殺阿羅漢。破和合僧。出佛身血。邪淫偸盜妄言綺語兩舌惡口貪瞋癡等。如是五逆十惡。及餘一切。隨意發露。更不覆藏。畢故不造新。若如是則外障漸除。內觀增明。如順流舟。更加櫓棹。豈不速疾到於所止。修圓行者。亦復如是。正觀圓理。事行相助。豈不速至妙覺彼岸。莫見此說。便謂漸行。謂圓頓無如是行。謬之甚矣。何處天然彌勒自然釋迦。若纔聞生死卽涅槃。煩惱卽菩提。卽心是佛。不動便到。不加修習。便成正覺者。十方世界盡是淨土。觸向對面無非覺者。今雖然卽佛。此是理卽。亦是素法身。無其莊嚴。何關修證者也。我等愚輩。纔聞卽空。便廢修行。不知卽之所由。鼠喞鳥空。廣在經論。尋之思之。二勸請者。勸請十方諸如來。留身久住濟含識。三隨喜者。隨喜稱讚諸善根。四迴向者。所有稱讚善。盡迴向菩提。五發願者。若無發心。萬事不成。故須發心。以導前四。是爲五悔。下去諸位。直至等覺。摠用五悔。更不再出。例此可知。

(오품제자위의) 둘째는 독송품讀誦品이다. 경전에 "하물며 독송하고 수지하는 사람임에랴."라고 하였다. 이는 안으로 원교의 관觀[185]을 행하면서 다시 독송을 더하는 것이니 불에 기

---

185 원교의 관觀 : 삼제삼제가 원융한 제법의 실상을 일심으로 관하는 것

름 끼얹는 것과 같다.

셋째는 설법품說法品이다. 경전에 "만일 수지하고 독송하여 다른 사람을 위하여 설한다면……."이라고 하였다. 이는 안으로 이해함이 더욱 수승해져서 앞의 사람들을 인도하고 이익되게 하면 그 교화의 공이 자신에게 돌아와 마음이 전보다 배나 뛰어나게 됨을 말한다.

넷째는 육바라밀을 겸하여 수행하는 단계(兼行六度品)이다. 경전에 "하물며 다시 어떤 사람이 이 경전을 수지할 뿐 아니라 보시 등을 겸하여 행하면……."이라고 하였다. 이는 복덕의 힘으로 마음을 관하는 것이 배로 증가함을 말한다.

다섯째는 육바라밀을 바로 수행하는 단계(正行六度品)[186]이다. 경전에 "만일 어떤 사람이 (『법화경』을) 독송하다가 다른 사람을 위하여 설하고……다시 계를 잘 지키는 등……."이라고 하였다. 이는 스스로 수행하고 다른 이를 교화하는 것인데 일과 이치(事理)가 다 갖추어져 마음을 관하는 데 장애가 없어

으로 일심삼관一心三觀이라고 한다. 별교의 차제삼관次第三觀과 상대된다.

186 정행육도품正行六度品 : 여기서 정행正行이란 '바르게 행한다'는 것이 아니라 겸행兼行의 상대어로서 '주로 행한다'는 의미이다. 오품제자위의 네 번째 단계가 경전의 독송·설법 등에 더하여 육바라밀을 보조적으로 행하는(兼行) 단계인 데 비해 다섯 번째 단계는 육바라밀을 주로 행하면서(正行) 독송·설법을 보조적으로 행하는 단계라는 것이다.

지니, 이전보다 더욱 수승해져 비유할 수가 없다.

이 오품제자위에서는 오주지번뇌五住地煩惱를 원만하게 억누르므로(圓伏)[187] 외범위外凡位이다. 별교의 십신위와 같다.

二讀誦品者。經云。何況讀誦受持之者。謂內以圓觀。更加讀誦。如膏助火。三說法品者。經云。若有受持讀誦。爲他人說。內解轉勝。導利前人。化功歸己。心倍勝前。四兼行六度。經云。況復有人能持是經。兼行布施等。福德力故。倍增觀心。五正行六度者。經云。若人讀誦爲他人說。復能持戒等。謂自行化他。事理具足。觀心無閡。轉勝於前。不可比喩。此五品位。圓伏五住煩惱。外凡位也。與別十信位同。

(2) 육근청정위

그 다음 육근청정위六根淸淨位에 오르니 이것이 십신이다. 초신初信에서는 견혹을 끊고 진리를 드러내니 장교의 초과, 통교의 팔인지·견지 그리고 별교의 초주와 같다. '계위가 물러나지 않는 지위(位不退)'를 증득한다.

다음 제2신부터 7신까지 사혹을 모두 끊으니 장교 및 통

---

187 원복圓伏 : 별교에서처럼 오주지혹을 차례로 억누르는 것이 아니라 전체를 한꺼번에 억누른다는 의미이다.

교의 두 부처 그리고 별교의 제7주와 대등하다. 삼계의 괴로움과 괴로움의 원인을 남김없이 모두 끊는다. 그러므로 『인왕경』에 "십선十善의 보살이 큰마음을 일으키면 고통 속에 윤회하는 삼계의 바다를 길이 여의네."[188]라고 하였다. 십선에 대해 풀이한다면, (별교와 원교의 십신 보살이) 각기 십선을 갖추는데 만일 별교의 십신이라면 (번뇌를) 억누르기만 할 뿐 끊지는 못한다. (그러나 이 경문에 "길이 여읜다." 하였으니) 반드시 원교의 십신에 속한다.

그런데 원교 수행인이 본래 기대한 것은 견사혹見思惑과 진사혹塵沙惑[189]을 끊는 것이 아니라 초주初住에 들어가 무명혹을 끊고 불성을 보는 것이다. 비유하면 쇠를 제련하는데 거친 불순물이 먼저 제거되는 것은 본래 기대한 것이 아닌 것과 같다. 본래 의도는 그릇을 만드는 것이지만, 그릇이 만들어지지 않았을 때에도 (거친 불순물은) 자연히 먼저 떨어져 나간다. 비록 그것이 먼저 제거됨을 보더라도 그 사람은 한 생각도 기쁜 마음이 없다. 무슨 까닭인가. 아직 기대하는 것을 이루지 못했기 때문이다. 원교 수행인도 이와 같아서 비록 본래 바라

---

188 『인왕반야바라밀경』 권상 「보살교화품菩薩教化品」(T8, 827b).
189 진사혹塵沙惑 : 세속적인 진리(俗諦, 假諦)를 모르는 번뇌. 불염오무지不染汚無知이므로 윤회의 원인이 되지는 않으나 중생 교화에 장애가 되며 모래나 먼지처럼 많기 때문에 진사혹이라고 한다.

던 바는 아니지만 (견사혹과 진사혹이) 자연히 먼저 떨어지는 것이다.

영가永嘉 대사[190]가 "똑같이 4주지혹을 제거한다는 것, 이 점은 같지만 무명을 억누르는 데는 삼장교(의 부처)가 열등하다."[191]고 한 것이 바로 이 계위이다.

이를 풀이하면, 4주지혹이란 견혹과 사혹일 뿐이다. 즉 견혹을 하나로 하여 견일체처주지見一切處住地라 한다. 사혹은 셋으로 나누니 첫째는 욕애주지欲愛住地로서 욕계의 9품 사혹이고, 둘째는 색애주지色愛住地이니 색계 4지 각각의 9품 사혹이며, 셋째는 무색애주지無色愛住地이니 무색계 4지 각각의 9품 사혹이다. 이 4주(의 번뇌)는 삼장교의 부처와 (원교의) 육근청정위 수행인이 똑같이 끊으므로 "똑같이 4주지혹을 제거한다."고 말하였다. "무명을 억누르는 데는 삼장교(의 부처)가 열등하다."는 말에서 무명은 중도를 장애하는 삼계 바깥의 별혹別惑이다. 삼장교에서는 단지 삼계안의 통혹通惑[192]만을 논

---

190 영가永嘉 대사 : 진각眞覺 대사 현각玄覺(647~713)을 가리킨다. 천태종 제7조인 혜위慧威에게서 천태학을 익힌 뒤에 선종 6조 혜능慧能의 문하에 늘어갔다.
191 『선종영가집』(T48, 392c). 이 구절은 본래 『법화현의』권5(T33, 737a)에 나오는데 영가 대사가 인용한 것이다. 오월국의 충의왕이 이 구절을 읽다가 이해되지 않아서 주변에 물었던 것이 제관이 송에 건너가고 『천태사교의』를 쓰게 된 동기가 되었다.
192 통혹通惑 : 천태종에서 설하는 3혹 가운데 견사혹은 3승의 수행자가

할 뿐 무명(혹)이라는 이름도 모르는데 하물며 억누르거나 끊을 수 있겠는가. 그러므로 삼장교(의 부처)가 열등하다고 말하는 것이다.

다음 제8신으로부터 제10신에 이르기까지 삼계 내외의 진사혹을 모두 끊는다. 가관假觀이 현전하여 속제의 진리들을 보고 법안을 열어 도종지道種智를 이루며 4백 유순을 간다. 이는 별교의 제8, 9, 10주 및 십행, 십회향위와 동등하며 '수행이 물러나지 않는 지위(行不退)'이다.

次進六根淸淨位。卽是十信。初信斷見惑。顯眞理。與藏敎初果。通敎八人見地。別敎初住齊。證位不退也。次從二信至七信。斷思惑盡。與藏通二佛。別敎七住齊。三界苦集。斷盡無餘。故仁王云。十善菩薩發大心。長別三界苦輪海。解曰十善者。各具十善也。若別十信。卽伏而不斷。故定屬圓信。然圓人本期。不斷見思塵沙。意在入住斷無明見佛性。然譬如冶鐵。麁垢先去。非本所期。意在成器。器未成時。自然先落。雖見先去。其人無一念欣心。所以者何。未遂所期故。圓敎行人。亦復如是。雖非本所望。自然先落。永嘉大師云。同除四住。此處爲齊。

모두 끊는 공통의 번뇌이므로 통혹이라 하고, 진사혹과 무명혹은 별교 보살 이상의 경지에서만 끊는 미혹이므로 별혹別惑이라고 한다.

若伏無明。三藏則劣。卽此位也。解曰四住者。只是見思。謂見
爲一。名見一切處住地。思惑分三。一欲愛住地。欲界九品思。
二色愛住地。色界四地各九品思。三無色愛住地。無色界四地
各九品思。此之四住。三藏佛與六根淸淨人同斷。故言同除四
住也。言若伏無明。三藏則劣者。無明卽界外障中道之別惑。
三藏敎止論界內通惑。無明名字。尙不能知。況復伏斷。故言
三藏則劣也。次從八信至十信。斷界內外塵沙惑盡。假觀現前。
見俗諦理。開法眼。成道種智。行四百由旬。與別敎八九十住。
及行向位齊。行不退也。

(3) 십주위

다음에 초주初住에 들어가서 1품의 무명을 끊고 한 부분의 삼덕三德을 증득하니, 즉 해탈과 반야와 법신이다. 이 삼덕은 세로도 아니고 가로도 아니니 마치 세간에 쓰이는 이伊(i) 자의 세 점이나 천주天主의 세 눈[193]과 같다. 백계百界에 몸을 나타내어 8상相으로 성도成道하고 널리 중생들을 제도한다. 『화엄경』에 "처음 발심하였을 때 바로 정각을 이룬다. 모든 지혜

---

193 천주天主의 세 눈 : 천주란 색계의 최상층부에 거주하는 대자재천大自在天, 즉 마혜수라(Maheśvara) 천왕을 말한다. 이 천신의 눈은 실담 문자의 이伊(i) 자와 같이 삼각형(∴)으로 배치되어 있어서 가로(공간)나 세로(시간)로 선후와 우열이 없음을 비유하는 데 사용한다.

(慧身)는 다른 것에 말미암아 깨닫는 것이 아니다.", "청정하고 묘한 법신이 고요히 일체에 응한다."[194]고 하였다.

이를 풀이하면 "처음 발심한다."는 것은 초주의 이름이고, "바로 정각을 이룬다."는 것은 8상(으로 성도하는) 부처가 된 것이다. 이는 한 부분을 증득한 과보(分證果)로서 원교의 참된 원인인데, 이를 일러 "묘각을 이루었다."고 하면 매우 잘못된 것이다. 만일 이와 같(이 해석한)다면 제2주 이상의 모든 계위는 헛되이 시설한 것이고, 만일 거듭 설한 것이라 한다면 번거롭게 거듭하는 허물이 부처님께 있게 된다. 비록 계위마다 모든 계위를 포함한다는 말이 있고 또 "발심과 궁극의 두 가지는 다르지 않다."[195]고 하여도 모름지기 '포함한다(攝)'는 이유를 알아야 하고 '다르지 않다(不二)'는 의미를 세심하게 인식해야 한다. 용왕의 딸(龍女)이 바로 정각을 이루었다는 것[196]이나 여러 성문 수행인들이 장래에 성불하리라는 수기를 받은 것은 모두 이 계위에서 성불하는 모습이다.

"모든 지혜(慧身)"란 바로 반야의 덕으로서 요인불성了因佛性[197]이 개발된 것이고, "묘한 법신"이란 바로 법신의 덕으로

---

194 출전은 앞의 주 169 참조.
195 『열반경』 권34 「가섭보살품」(T12, 838a).
196 『법화경』 「제바달다품」.
197 요인불성了因佛性 : 정인불성正因佛性, 연인불성緣因佛性과 함께 삼

서 정인불성正因佛性이 개발된 것이며, "일체에 응한다."는 것
은 해탈의 덕으로서 연인불성緣因佛性이 개발된 것이다. 이와
같은 세 몸은 본래 있던 것을 개발하여 얻은 것이므로 "다른
것으로 말미암아 깨닫는 것이 아니다."라고 한다.

중관中觀이 앞에 나타나 불안佛眼을 열고 일체종지一切種智
를 이루며, 5백 유순을 가서 보배가 있는 곳에 이른다. 처음으
로 실보무장애토實報無障閡土에 머물며, '생각이 물러나지 않는
지위(念不退)'[198]이다.

다음 제2주로부터 제10주에 이르기까지 각각 1품의 무명
을 끊고 한 부분의 중도를 더하니 별교의 십지와 대등하다.

*次入初住。斷一品無明。證一分三德。謂解脫般若法身。此之
三德。不縱不橫。如世伊三點。若天主三目。現身百界。八相成*

인불성三因佛性이라고 한다. 천태종에서 수립한 깨달음의 세 가지 원
인. 먼저 정인불성이란 모든 중생들이 선천적으로 구비한 진여, 즉 불
성을 말하고 요인불성이란 불성이 밝게 비추어 아는 지혜작용을 깨닫
는 것 그리고 연인불성이란 지혜를 얻는 데 도움이 되는 선근 공덕을
말한다.
198 염불퇴念不退 : 작위적인 노력을 하지 않는 무공용無功用의 도에 늘어
가 부동념不動念을 얻게 된 것. 불퇴不退란 범어 avinivartanīya의 역
어로서 불퇴전, 아비발치 등으로도 부른다. 삼악도나 소승으로 떨어지
거나 얻은 공덕을 잃어버리지 않는다는 의미. 이 계위를 불퇴전지不
退轉地라고 하며 신불퇴信不退·위불퇴位不退·행불퇴行不退·염불퇴
등이 있다.

道。廣濟群生。華嚴經云。初發心時。便成正覺。所有慧身。不
由他悟。淸淨妙法身。湛然應一切。解曰初發心者。初住名也。
便成正覺者。成八相佛也。是分證果。卽此敎眞因。謂成妙覺。
謬之甚矣。若如是者。二住已去。諸位徒施。若言重說者。佛有
煩重之咎。雖有位位各攝諸位之言。又云發心究竟二不別。須
知攝之所由。細識不二之旨。龍女便成正覺。諸聲聞人。受當
來成佛記莂。皆是此位成佛之相。慧身卽般若德。了因性開發。
妙法身卽法身德。正因性開發。應一切卽解脫德。卽緣因性開
發。如此三身。發得本有。故言不由他悟。中觀現前。開佛眼。
成一切種智。行五百由旬。到寶所。初居實報無障閡土。念不
退位。次從二住至十住。各斷一品無明。增一分中道。與別敎
十地齊。

(4) 십행 내지 묘각위

다음 초행初行에 들어가서 1품의 무명을 끊으니 별교의 등
각과 같고, 그 다음 제2행에 들어가면 별교의 묘각과 대등하
다. 제3행 이후부터는 별교의 수행인은 이름도 모르는데 하
물며 억누르고 끊을 수 있겠는가. 그러므로 별교에서는 단지
12품의 무명만을 깨뜨린다. 우리 (원교) 집안의 참된 원인을
그대 (별교) 집안의 궁극의 과보로 삼는 것은, 단지 가르침이
방편에 가까울수록 계위는 더욱 높아지고 가르침이 진실에

가까울수록 계위는 더욱 낮아지기 때문이다. 비유하면 변방이 조용하지 않을 때는 임시로 직위를 주어 (직위가) 높지만, 벼슬을 정하고 공훈을 논할 때는 그 실제 직위가 낮아지는 것과 같다. 그러므로 방편의 가르침(權敎)에서는 비록 묘각이라고 칭하여도 진실한 가르침(實敎)에서는 제2행일 뿐이다.

다음 제3행부터 제10지까지는 각각 1품의 무명을 끊고 한 부분씩 중도를 늘여 나가니 (도합) 40품의 미혹을 끊는 것이다. 다시 1품의 무명을 끊고 등각위에 들어가면, 이것이 일생보처一生補處이다. 나아가서 1품의 미세한 무명을 깨뜨리고 묘각위에 들어가면 영영 무명이라는 (번뇌의) 부모를 떠나서 마침내 열반이라는 산 정상에 오른다. 모든 법은 생기지 않고 반야도 생기지 않으며 생기지 않음도 생기지 않으니 대열반이라고 부른다. 허공을 자리로 삼고 청정한 법신을 이루며 상적광토常寂光土에 머무는 것이 바로 원교 부처님의 모습이다.

次入初行。斷一品無明。與別敎等覺齊。次入二行。與別敎妙覺齊。從三行已去。別敎之人。尙不知名字。何況伏斷。以別敎但破十二品無明故。故以我家之眞因。爲汝家之極果。只緣敎彌權。位彌高。敎彌實。位彌下。譬如邊方未靜。借職則高。定爵論勳。其位實下。故權敎雖稱妙覺。但是實敎中。第二行也。次從三行已去至十地。各斷一品無明。增一分中道。卽斷四十品惑也。更破一品無明。入等覺位。此是一生補處。進破一品微細無明。入妙覺位。永別無明父母。究竟登涅槃山頂。諸法不生。般若不生。不生不生。名大涅槃。以虛空爲座。成淸淨法身。居常寂光土。卽圓敎佛相也。

표 9 ┃ 원교와 별교의 수행 계위 비교

원교				별교
묘각			과위果位	
등각				
십지				
십회향				
십행	3행~	1품씩 무명을 끊고 삼덕三德을 일부분씩 증득	인위因位	
	2행			묘각
	초행			등각
십주	2주~10주			
	초주			십지
육근청정위 (십신)	8신~10신	삼계내외 진사혹을 끊음	내범內凡	8주~10회향
	2신~7신	사혹을 끊음		7주
	초신	견혹을 끊음		초주
오품제자위	정행육도품	오주지번뇌를 억누름	외범外凡	십신
	겸행육도품			
	설법품			
	독송품			
	수희품			

2) 육즉

그런데 원교의 계위는 육즉六卽으로 판정하지 않으면 높은 성인께 외람되므로 모름지기 육즉으로 계위를 판정해야 한다. "일체 중생들은 모두 불성이 있다.",[199] "부처님이 계시거나 계시지 않거나 (열반의) 성질과 모습은 상주한다."[200]고 하고, 또 "하나의 색色 하나의 냄새도 중도中道 아님이 없다."[201]고 하는 등의 말은 모두 이즉理卽이다. 다음 이러한 말을 선지식에게 듣거나 경전에서 보았으면 명자즉名字卽이라 하고, 가르침에 따라 수행을 하면 관행즉觀行卽【오품제자위】이라 한다. (깨달음과) 비슷한 이해가 일어나면 상사즉相似卽【십신】이라 하고, (무명의) 한 부분을 깨뜨리고 (진여의) 한 부분을 보면 분증즉分證卽【초주부터 등각까지】이라 하며, 지혜와 (번뇌의) 끊음이 완전히 차면(圓滿) 구경즉究竟卽【묘각위】이라 한다.

수행 계위의 차례에 의거하면 얕은 곳에서 깊은 곳으로 이르므로 '육六'이라 하고, 드러나는 진리의 본체에 의거하면 각 계위가 다르지 않으므로 '즉卽'이라 한다. 그러므로 '육' 자를

---

199 『열반경』 권7 「사정품邪正品」(T12, 645b).
200 『열반경』 권19 「광명변조고귀덕왕보살품光明遍照高貴德王菩薩品」 (T12, 735b).
201 『법화현의』 권1(T33, 683a), 『마하지관』 권1(T46, 1c) 등. 『대품반야경』의 중도사상을 지의가 '一色一香無非中道'라고 정리한 것.

깊이 알면 자만심이 생기지 않고 '즉' 자를 자세히 밝히면 퇴굴심退屈心이 생기지 않아서 (계위로서) 의거할 만하니 생각하여 선택하라.

간략히 원교의 계위를 밝혔다.

然圓敎位次。若不以六卽判之。則多濫上聖。故須六卽判位。謂一切衆生。皆有佛性。有佛無佛。性相常住。又云。一色一香。無非中道等言。摠是理卽。次從善知識。及從經卷。聞見此言。爲名字卽。依敎修行。爲觀行卽【五品位】。相似解發。爲相似卽【十信】。分破分見。爲分證卽【從初住至等覺】。智斷圓滿。爲究竟卽【妙覺位】。約修行位次。從淺至深。故名爲六。約所顯理體。位位不二。故名爲卽。是故深識六字。不生上慢。委明卽字。不生自屈。可歸可依。思之擇之。略明圓敎位竟。

표 10 | **원교의 육즉위**

육즉六卽	지 위	내 용
구경즉究竟卽	묘각	궁극의 지혜를 얻음.
분증즉分證卽	등각	진여의 일부분을 봄.
	십지	
	십회향	
	십행	
	십주	
상사즉相似卽	육근청정위(십신)	상사한 지혜가 생김.
관행즉觀行卽	오품제자위	수행을 함.
명자즉名字卽		불성이 있음을 알고 있음.
이즉理卽		본유의 불성만 있음.

표 11 | **화법사교의 비교**

	장교	통교	별교	원교
『중론』	衆因緣生法	我說卽是空	亦謂是假名	亦是中道義
「聖行品」	生滅四諦	無生四諦	無量四諦	無作四諦
「高貴德王菩薩品」	生生	生不生	不生生	不生不生
『대지도론』	有門	空門	亦有亦空門	非有非空門
三界 / 事理	界內事法	界內理法	界外事法	界外理法
實相	人空法有	人法二空	眞如中道	
	但空	不但空	但中	不但中
三觀	析空觀	體空觀	次第三觀	一心三觀
계위	7현 4성	10지	52위	오품제자위+52위

제4장 관심문 개설

그런데 위의 (장·통·별·원) 사교에 의거하여 수행할 때 각각 방편과 본 수행(正修)[202]이 있으니, 즉 25방편과 십승관법十乘觀法이다. 만약 사교마다 각각 밝힌다면 문장이 조금 번쇄할 것이다. 비록 의미는 다르지만 이름과 숫자는 다르지 않으므로 지금 전체적으로 밝혀도 뜻으로 알 수 있을 것이다.

然依上四敎修行時。各有方便正修。謂二十五方便。十乘觀法。若敎敎各明。其文稍煩。義意雖異。名數不別。故今摠明。可以意知。

---

202 정수正修 : 여기서 정正은 조조助, 방편方便의 상대어로서 '본 수행'이라고 번역한다. '바른'이라고 번역하면 '그른(邪)'이라는 말의 상대어가 된다.

1. 25방편

25방편方便은 다섯 조목으로 묶으면, 첫 번째 다섯 가지 인연을 갖추는 것, 두 번째 오욕을 꾸짖는 것, 세 번째 오개를 버리는 것, 네 번째 다섯 가지 일을 조절하는 것, 다섯 번째 다섯 가지 법을 행하는 것이다.

言二十五方便者。束爲五科。一具五緣。二訶五欲。三棄五蓋。四調五事。五行五法。

1) 다섯 가지 인연을 갖춤

첫 번째로 (갖추어야 할) 다섯 가지 인연을 밝힌다.
첫째 계를 청정하게 지키는 것이니, 경전에 (다음과 같이) 설해진 것과 같다. "이 계로 인하여 여러 선정 및 고를 멸하는 지혜가 생길 수 있다. 그러므로 비구여, 응당 계를 지녀야 한다."[203] (계는) 재가자와 출가자, 대승과 소승이 같지 않다.
둘째 옷과 음식을 갖추는 것이다. 옷(을 갖추는 데)에는 세 가지(의 경우)가 있다. 첫째 설산 대사雪山大士[204]와 같이 형편

---

[203] 『유교경遺教經』(T12, 1111a).

대로 옷을 얻어 몸만 가리면 족한 경우이다. 세간에 다니지 않으며 참고 견디는 힘을 길렀기 때문이다. 둘째 가섭 등과 같이 분소의糞掃衣[205]를 모을 뿐만 아니라 단 세 벌로 만족하고 여벌은 비축하지 않는 것이다. 셋째 매우 추운 지방에서는 여래께서도 삼의三衣 이외에 백일중구百一衆具[206]를 비축하는 것을 허락하신 것과 같은 경우이다. 음식도 세 가지 경우가 있다. 먼저 상근기의 보살은 세상과 단절된 깊은 산에서 풀뿌리나 나물, 과일 등을 얻는 대로 몸을 돕는다. 둘째 항상 탁발하(여 먹)는 것이고, 셋째 시주자들이 보내 준 음식이나 승가의 청정한 음식(을 먹는 것)이다.

셋째 고요한 곳에 한가히 머무는 것이다. 여러 사업을 벌이지 않는 것을 '한가하다(閑)'고 하고 시끌벅적하지 않은 곳을 '고요한 곳(靜處)'이라고 한다. 이러한 처소는 세 군데가 있으니 옷과 음식을 본보기로 알 수 있을 것이다.

넷째 여러 인연 있는 일들을 쉬는 것이니, 살림과 인사人事,

---

204 설산 대사雪山大士 : 반게송을 얻기 위해 나찰에게 몸을 보시한 석가모니의 전생 보살. 『열반경』 권13 「성행품聖行品」(T12, 691b) 등에 나온다.
205 분소의糞掃衣 : 더러운 곳에 버려진 해진 옷들을 모으고 빨아서 만든 출가 수행자의 옷.
206 백일중구百一衆具 : 출가승이 갖추는 삼의일발 외에 지니는 것이 허락된 물품들로서 백일물百一物이라고도 한다. 다만 한 가지씩만 지녀야 하며 『오분율』 권20 등에 나온다.

교묘한 기술 등을 쉬는 것이다.

다섯째 선지식을 가까이하는 것이다. 선지식에는 세 가지가 있으니, 첫째는 밖에서 보호해 주는 선지식이고, 둘째는 함께 수행하는 선지식이며, 셋째는 가르쳐 주는 선지식이다.

初明五緣者。一持戒淸淨。如經中說。依因此戒。得生諸禪定。及滅苦智慧。是故比丘。應持淨戒。有在家出家大小乘不同。二衣食具足。衣有三。一者如雪山大士。隨所得衣。蔽形卽足。不游人間。堪忍力成故。二者如迦葉等。集糞掃衣。及但三衣。不畜餘長。三者多寒國土。如來亦許三衣之外。畜百一衆具。食亦有三。一者上根大士。深山絶世。菜根草果。隨得資身。二常乞食。三檀越送食。僧中淨食。三閑居靜處。不作衆事名閑。無憒鬧處名靜。處有三。例衣食可知。四息諸緣務。息生活。息人事。息工巧技術等。五近善知識有三。一外護善知識。二同行善知識。三敎授善知識。

2) 오욕을 꾸짖음

두 번째는 오욕을 꾸짖는 것이다.

첫째 색(에 대한 욕망)을 꾸짖는 것이니, (색이란) 큰 눈과 긴 눈썹, 붉은 입술에 흰 치아 등 외모가 아름다운 남성과 여성, 검은색·노란색·붉은색·자주색과 갖가지 묘한 색을 내는 세간의 보물 등이다.

둘째 소리를 꾸짖는 것이니, 현악기·관악기·타악기 등의 소리나 남녀가 노래 부르는 소리 등이다.

셋째 향기를 꾸짖는 것이니, 남녀의 체취나 세간의 음식 등에서 나는 향기 등이다.

넷째 맛을 꾸짖는 것이니, 여러 가지 음식과 반찬의 좋은 맛 등이다.

다섯째 촉감을 꾸짖는 것이니, 부드럽고 섬세한 남녀의 신체나 추울 때의 따뜻한 체감, 더울 때의 시원한 체감 및 각종 좋은 촉감 등이다.

第二訶五欲。一訶色。謂男女形貌端嚴。脩目高眉。丹唇皓齒。及世間寶物。玄黃朱紫。種種妙色等。二訶聲。謂絲竹環珮之聲。及男女歌詠聲等。三訶香。謂男女身香。及世間飮食香等。四訶味。謂種種飮食。肴膳美味等。五訶觸。謂男女身分。柔輭細滑。寒時體溫。熱時體涼。及諸好觸等。

3) 오개를 버림

세 번째는 오개五蓋[207]를 버리는 것이니, 즉 탐욕개貪欲蓋·

진에개瞋恚蓋·수면개睡眠蓋·도회개掉悔蓋·의개疑蓋이다.

第三棄五蓋。謂貪欲瞋恚睡眠掉悔疑。

4) 다섯 가지 일을 조절함

네 번째는 다섯 가지 일을 조절하는 것이다.

첫째 마음을 가라앉거나 들뜨지 않게 조절하는 것, 둘째 완만하거나 조급하지 않게 몸을 조절하는 것, 셋째 너무 껄끄럽거나 매끄럽지 않게 숨을 조절하는 것, 넷째 모자라거나 지나치지 않게 잠을 조절하는 것, 다섯째 배가 고프거나 부르지 않게 음식을 조절하는 것이다.

第四調五事。謂調心不沈不浮。調身不緩不急。調息不澁不滑。調眠不節不恣。調食不飢不飽。

---

207 오개五蓋 : 개蓋란 범어 āvaraṇa의 역어로서 (지혜를) 덮어 가린다는 의미이다. 오욕이 외부의 5경에 대해 생기는 욕심이라면 오개는 내부의 의근意根에서 생기는 욕심이다. 수면개는 심소법 가운데 혼침惛沈과 수면睡眠이 혼합된 것으로 혼면개惛眠蓋라고도 하는데 마음이 희미하여 의식이 명료하지 않은 것이다. 도회개는 도거掉擧와 악작惡作이 혼합된 것으로 도거악작개掉擧惡作蓋 혹은 도희개掉戲蓋라고도 하는데 마음이 조급하거나 지난 일로 후회하는 것이다.

5) 다섯 가지 법을 행함

다섯 번째는 다섯 가지 법을 행하는 것이다.

첫째, 의욕(欲)은 세간의 일체 전도망상을 떠나서 일체의 선정문과 지혜문 얻기를 욕구하는 것이다.

둘째, 정진精進은 금계禁戒를 단단히 지키면서 오개를 버리고자 초저녁부터 밤중, 새벽까지 부지런히 닦으며 정진하는 것이다.

셋째, 염念이란, 세간은 (나를) 속이는 것으로서 가볍고 천하게 여길 것이요 선정과 지혜는 중하고 귀하게 여길 것임을 늘 생각(念)하는 것이다.

넷째, 공교한 지혜(巧慧)란 세간의 즐거움과 선정 및 지혜의 즐거움을 두고 그 득실과 경중을 잘 헤아리는 것이다.

다섯째, 일심一心이란 염과 공교한 지혜가 분명하여 세간은 근심스럽고 싫증나는 것임을 밝게 보고 또한 선정과 지혜의 공덕은 존귀한 것임을 잘 아는 것이다.

第五行五法。一欲。離世間一切妄想顚倒。欲得一切諸禪定智慧門故。二精進。堅持禁戒。棄於五蓋。初中後夜。勤行精進故。三念。念世間欺誑。可輕可賤。禪定智慧。可重可貴。四巧慧。籌量世間樂。禪定智慧樂。得失輕重等。五一心。念慧分明。明見世間可患可惡。善識禪定智慧功德。可尊可貴。

이 스물다섯 가지 법은 사교에서 먼저 행하는 방편이 되므로 반드시 갖추어야 한다. 만일 이 방편이 없다면 세간의 선정도 얻을 수 없거늘 하물며 출세간의 묘한 이치를 얻을 수 있겠는가. 그러나 앞에서 밝혔듯이 가르침이 이미 점교와 돈교가 같지 않고 방편 역시 다르다. 어떤 가르침에 의거하여 수행하는가에 따라 때에 맞추어 (알맞은 방편을) 깊이 헤아려야 할 것이다.

此二十五法。爲四敎前方便故。應須具足。若無此方便者。世間禪定。尙不可得。豈況出世妙理乎。然前明敎旣漸頓不同。方便亦異。依何敎修行。臨時審量耳。

표 12 | **25방편**

조 목	구체적인 내용
1 구오연具五緣	지계청정持戒淸淨
	의식구족衣食具足
	한거정처閑居靜處
	식제연무息諸緣務
	근선지식近善知識

	조 목	구체적인 내용
2	가오욕訶五欲	가색욕訶色欲
		가성욕訶聲欲
		가향욕訶香欲
		가미욕訶味欲
		가촉욕訶觸欲
3	기오개기五蓋	기탐욕개기貪欲蓋
		기진에개기瞋恚蓋
		기수면개기睡眠蓋
		기도회개기悼悔蓋
		기의개기疑蓋
4	조오사調五事	조심調心
		조신調身
		조식調息
		조수면調睡眠
		조식調食
5	행오법行五法	욕欲
		정진精進
		염念
		교혜巧慧
		일심一心

2. 십승관법

다음으로 본 수행인 십승관법을 밝히겠다. 이 또한 사교마다 이름이 같지만 뜻은 다른데, 지금은 원교로써 밝히니 나머지 3교는 이를 본보기로 삼기 바란다.

첫째 불가사의한 경계를 관하는 것이다. 즉 한순간의 마음(一念心)이 3천 가지 (법의) 성질과 모습 등 1백 세계의 천여千如[208]를 빠짐없이 다 갖추고 있음을 관하는 것이다. 이 (한순간의 마음이라는) 경계에 공제와 가제와 중제가 상즉하여 있어서 전후가 없으며 (마음은) 광대하고 원만하여 종횡으로 자유자재하다. 그러므로 『법화경』에 "그 수레가 높고도 넓다."[209]고 하였다【상근기는 바로 이 경계를 관한다.】.

둘째 진정으로 보리심을 내는 것이다. 즉 (마음이라는) 묘한 경계에 의거하여 자신과 다른 이들을 가엾이 여겨서 위로 (보리를) 구하고 아래로 (중생을) 교화하겠다는 작위 없는 사홍서원을 일으키는 것이다. 그러므로 경전에 "또한 그 위에 휘장과 일산을 설치하였다."고 하였다.

셋째 공교工巧하게 마음을 지관止觀에 안주하는 것이다. 즉 앞의 묘한 이치를 체득하여 항상 고요한 것을 '정定'이라 부르고, 고요하지만 항상 비추는 것을 '혜慧'라고 부른다. 그러므로

---

208 1백 세계의 천여千如 : 일체 중생의 세계는 지옥부터 불계佛界까지 열 가지 세계로 분별할 수 있는데 이들 세계는 각각 다른 아홉 세계를 갖추고 있어서 1백 세계가 되고(十界互具), 이들 각각의 세계는 다시 여시상如是相 내지 여시본말구경등如是本末究竟等의 10여시如是를 갖추고 있어서 천여千如가 된다. 천태 대사의 '일념삼천론一念三千論'을 간략히 설명한 것이다.
209 그 수레가~넓다 : 『묘법연화경』 권2 「비유품」에 나오는 화택유火宅喩의 내용이다. 이하의 경문도 모두 같은 곳에 나온다.

경전에 "붉은 베개를 안치하였다."[수레 안의 베개]고 하였다.

넷째 법을 두루 깨뜨리는 것이다. 삼관으로 삼혹을 깨뜨리는데[210] 삼관이 일심一心에서 이루어지므로 깨지지 않는 미혹이 없다. 그러므로 경전에 "빠르기가 바람과 같다."고 하였다.

다섯째 통함과 막힘을 아는 것이다. 고苦와 집集, 십이인연·육폐六蔽[211]·진사혹·무명혹은 '막힘'이 되고, 도道와 멸滅, 멸의 인연이 되는 지혜·육바라밀·일심삼관一心三觀 등은 '통함'이 된다. 만일 통함이라면 보호하고 막힘이 있으면 깨뜨려야 한다. 통함에서 막힘이 일어나면, 깨지는 대상(所破)과 같이 깨뜨리는 주체(能破)를 구구절절 점검하는 것을 '통함과 막힘을 아는 것'이라고 부른다. 경전에 "붉은 베개를 안치하였다."[수레 바깥의 베개]고 하였다.

여섯째 37도품道品을 적절하게 조절하는 것이다. 즉 작위가 없는 도품(無作道品)[212]을 하나하나 조절하여 그 마땅함에

---

210 삼관으로~깨뜨리는데 : 공관空觀·가관假觀·중관中觀의 삼관으로 견사혹見思惑·진사혹塵沙惑·무명혹無明惑의 삼혹을 깨뜨려 삼제를 깨닫는다. 이를 도표화하면 다음과 같다.

三諦	三惑	三止	三觀	三眼	三智
空諦	見思惑	體眞止	從假入空觀	慧眼	一切智
假諦	塵沙惑	方便隨緣止	從空入假觀	法眼	道種智
中諦	無明惑	息二邊分別止	中道第一義諦觀	佛眼	一切種智

211 육폐六蔽 : 육바라밀을 가리는 여섯 가지 마음으로서 간탐·파계·진에·해태·산란·우치를 말한다.

따라 (진리에) 들어가는 것이다. 경전에 "흰 소가 있다."[이상의 다섯 가지는 중근기(가 관하는 것)]고 하였다.

일곱째 대치법對治法으로 (진리의 문을) 여는 것을 돕는 것이다. 정도正道를 수행하는 데 장애가 많아서 원교의 이치가 열리지 않으면 반드시 사법事法을 닦아 도와야 한다.[213] 즉 오정심관五停心觀이나 육바라밀 등이다. 경전에 "또한 시종이 많다."[이로부터 아래로는 하근기를 위한 것]고 하였다.

여덟째 (자신의) 계위를 아는 것이다. 수행하는 사람이 증상만增上慢을 면하기 위한 것이다.

아홉째 편안히 참는 것이다. 역경逆境이나 순경順境[214]에 대해 편안한 마음으로 동요하지 않으며 오품제자위에서 책려策勵하여 육근청정위六根淸淨位로 들어가는 것이다.

---

212 무작도품無作道品 : 37조도품을 작위적으로 제각각 수행하는 것이 아니라 하나를 닦으면 다른 것이 자연히 갖추어지는 상생相生의 원리로 수행하는 것. 예를 들면 염처念處를 수행하면 정근正勤이 생기고 정근을 수행하면 여의족如意足이 일어나며……칠각지七覺支로서 팔정도八正道에 들어가는 방식을 말한다. 『마하지관』 권7상(T46, 87c) 참조.
213 사법事法을~한다 : 원교 지관의 본령은 일념심一念心을 관하여 삼제원융三諦圓融한 제법실상諸法實相을 깨닫는 데 있는데 탐욕심 등의 장애가 많아 지관이 행해지지 않을 때는 보시를 많이 행하고 오정심관 등의 대치법對治法을 닦아 먼저 탐욕심을 약하게 한 뒤에 지관을 행한다는 의미.
214 역경逆境이나 순경順境 : 고난이나 마장의 핍박 등은 역경이고, 다른 이의 찬탄이나 마군의 유혹 등은 순경이다.

열째 법에 대한 애착이 없는 것이다. 즉 상사즉相似卽인 십신에 집착하지 않고 진실한 이치(를 보는 계위)인 초주에 들어가야 하는 것이다. 경전에 "이 보배 수레를 타고 사방을 돌아다닌다."【40위를 유력함.】고 하고 "곧바로 도량에 이른다."【묘각위妙覺位】고 하였다.

次明正修十乘觀法。亦四教名同義異。今且明圓教。餘教例此。一觀不思議境。謂觀一念心。具足無減三千性相。百界千如。卽此之境。卽空卽假卽中。更不前後。廣大圓滿。橫竪自在。故法華經云。其車高廣【上根正觀此境】。二眞正發菩提心。謂依妙境。發無作四弘誓願。憫己憫他。上求下化。故經云。又於其上。張設幰蓋。三善巧安心止觀。謂體前妙理。常恒寂然名爲定。寂而常照名爲慧。故經云。安置丹枕【車內枕】。四破法徧。謂以三觀破三惑。三觀一心。無惑不破。故經云。其疾如風。五識通塞。謂苦集。十二因緣。六蔽。塵沙。無明爲塞。道滅。滅因緣智。六度。一心三觀爲通。若通須護。有塞須破。於通起塞。能破如所破。節節檢校。名識通塞。經云。安置丹枕【車外枕】。六道品調適。謂無作道品。一一調停。隨宜而入。經云。有大白牛等【已上五中根】。七對治助開。謂若正道多障。圓理不開。須修事助。謂五停心及六度等。經云。又多僕從【此下爲下根】。八知位次。謂修行之人。免增上慢故。九能安忍。謂於逆順。安然不動。

策進五品而入六根。十無法愛。謂莫著十信相似之道。須入初住眞實之理。經云。乘是寶乘。游於四方【游四十位】。直至道場【妙覺位】。

표 13 ▍ **십승관법**

십승관법	내 용	수행 근기	
① 관부사의경觀不思議境	일심삼관一心三觀	상근기	
② 진정발보리심眞正發菩提心	무작無作 사홍서원	중근기	하근기
③ 선교안심지관善巧安心止觀	정혜에 안주		
④ 파법편破法遍	삼관으로 삼혹을 깸		
⑤ 식통색識通塞	사성제·육바라밀 등의 막히고 통함		
⑥ 도품조적道品調適	무작 37조도품의 활용		
⑦ 대치조개對治助開	오정심관, 육바라밀		
⑧ 지위차知位次	수행 계위		
⑨ 능안인能安忍	역경과 순경에 인욕		
⑩ 이법애離法愛	증득한 것에 집착하지 않음		

삼가 천태교의 광본廣本을 살펴 오시팔교를 발췌하였다. 간략히 알려면 이와 같지만 자세히 밝히고 싶다면 『법화현의法華玄義』 10권을 보기 바라니, 시방 삼세 모든 부처님의 설법 방식이 마치 밝은 거울처럼 상세히 판석되어 있다. 또한 『정명현의淨名玄義』[215] 가운데 네 권은 순전히 교상敎相을 판석한 것

---

215 『정명현의淨名玄義』: 『유마경현소維摩經玄疏』 6권(T38)을 가리킨다.

이다.

이로부터 아래로는 여러 학자들이 교판하는 법식에 대해 간략히 밝혔을 뿐이다.

> 謹案台敎廣本。抄錄五時八敎。略知如此。若要委明之者。請看法華玄義十卷。委判十方三世諸佛說法儀式。猶如明鏡。及淨名玄義中四卷。全判敎相。自從此下。略明諸家判敎儀式耳。

천태사교의
天台四敎儀

권3부터 사교의 교상을 풀이하고 있다. 이에 앞서 저술한 『유마경현의 維摩經玄義』 10권본은 현재 전하지 않고, 그것의 부분적인 별행別行인 『사교의四敎儀』 6권(혹은 12권)과 『삼관의三觀義』 2권이 전해지는데, 이 중 『사교의』가 전적으로 사교의 교상에 대해 설한 것이다.

발문

기록자인 제관 법사의 전기에 다음과 같이 기록되어 있다.

일찍이 『천태사교의』를 찬술하여 10년 만에 마치고 상자 속에 넣어 두었다. 임종할 때가 되어 가부좌를 한 채 서거하였다. 그 후 상자 속에서 신비한 광채가 나서 열어 보니 한 권의 『사교의』만 있을 뿐 다른 물건은 없었다.[216]

이것은 (『천태사교의』의) 구절구절이 모두 부처님의 의도와 부합하여 감응도교感應道交[217]가 아님이 없기 때문에 그러한 것이다. 그러므로 시방의 모든 부처님께서 (중생들의) 근기에 응하여 설하신 점교와 돈교, 방편과 진실의 가르침, 삼

---

216 지반志磐, 『불조통기佛祖統紀』 권10(T49, 206ab).
217 감응도교感應道交 : 중생과 불보살이 교감하는 것. 중생이 불보살을 마음으로 부르는 것을 감感이라 하고, 불보살이 신통력으로써 이에 답하는 것을 응應이라 한다.

승의 수행자들이 근기에 따라 닦게 되는 얕거나 깊고 느리거나 빠른 수행문 그리고 일불승一佛乘의 최상승 선관禪觀이 처음부터 끝까지 이 책에 모두 담겨 있다. 그리하여 마치 밝은 거울을 집으면 만상이 나타나듯 하니 불교를 익히는 대중들이 다투어 (이 책을) 익히는 것은 오로지 이 때문이다. 다만 옛 책은 글자가 크고 책이 무거워 휴대하기에 불편하였으므로 갖고 있는 사람들이 모두 병폐로 여겼다. 지금 문인門人인 대선사大禪師 굉지宏之가 사람을 빌려 새로 글씨를 쓰고 판목에 새겨 유통시켰으니 이는 후학들에게 도움을 주기 위함이다. 이에 발문을 쓴다.

연우延祐 원년元年(1314) 갑인 7월 초하루 목암牧庵[218] 노인이 쓰다.

錄主觀師傳云。嘗撰天台四敎儀。十年乃畢。藏于篋中。薪盡之期。趺坐而逝。厥後神光。從篋中出。開視之。唯有一卷四敎儀。罄無他物。斯乃言言句句。皆符佛意。無非感應道交然耳。

---

[218] 목암牧菴 : 고려 말기 천태종 고승인 무외 국통無畏國統 정오丁午의 호. 그는 전남 만덕산 백련사 출신으로 충선왕忠宣王 1년(1309)부터 개경의 국청사國淸寺에 주석하였고, 1313년 충숙왕忠肅王이 즉위한 뒤 '대천태종사쌍홍정혜광현원종무외국통大天台宗師雙弘定慧光顯圓宗無畏國統'으로 책봉되었다. 이 책을 중각한 대선사 굉지는 그의 제자이다.

故十方諸佛。應機所說漸頓權實之教法。三乘之人。隨根所修淺深遲速之行門。及一佛乘最上禪觀。囊括始終。鍾在此書。如執明鏡。萬像斯現。學佛之徒。爭相溫習者。職由是也。但舊本字大卷重。未便於齎。持人皆病之。今有門人大禪師宏之。倩人改書。鋟梓流行。欲資來學故。玆跋云。

延祐元年甲寅。孟秋初吉。牧庵老人題。

옮긴이의 말

●

『천태사교의』는 명저이다. 분량은 적지만 천태교학 개론서이자 불교학 입문서로서 제 몫을 톡톡히 해낸다. 그간 우리 연구자들은 세키구치 신다이(關口眞大) 박사가 도쿄에서 출판한 교정본과 리영자 교수의 한글 역주본에 빚진 것이 많다. 세키구치 박사를 사사한 리 교수의 역주가 1983년에 처음 나왔는데 1935년에 교정본이 출판된 이후 거의 50년이 흐른 뒤의 일이다. 이제 리 교수의 역주가 나온 지 30년 가까운 세월이 흐르긴 했어도 스승이 건재한데 제자가 새로운 역주를 내려니 송구스럽기 그지없다. 『한국불교전서』 전체를 번역하는 작업의 일환이라는 점과 청어람靑於藍이 제자의 진정한 도리라는 생각으로 죄송한 마음을 덜어 보려 한다.

이번 번역에는 「사교의연기」와 「각천태사교의인」이 새로 추가되어 이 책이 저술되고 간행된 사정이 명확해졌다. 또한 수행 단계의 사교별 비교를 암기하려고 창작한 「사교송」도 새로 번역했으므로 『한불전』에 수록된 『천태사교의』 관련 내용이 빠짐없이 포함되었다는 점에 의의가 있다. 주석과 도표도 새로운 내용이 많아서 수행론과 관련한 논서를 볼 때 옆에 두고 사전처럼 참조하면 큰 도움이 될 것이다.

2011. 7.

최기표

찾아보기

굉지宏之 158
구경즉究竟卽 139
구빈䞐嬪 대신 97
군습교捃拾敎 63
권청勸請 126
금강심金剛心 114
『금광명경』 110

가관假觀 25, 132
가리왕歌利王 96
가전연자迦旃延子 69
감응도교感應道交 157
건혜지乾慧地 101
견도見道 88
견사혹見思惑 25
견일체처주지見一切處住地 131
견지見地 101
견혹見惑 24, 52, 80
겸兼·단但·대對·대帶 59
겸행육도품兼行六度品 128
계내혹界內惑 79
계戒·정定·혜慧 83
고산 지원孤山智圓 29
고제苦諦 71
공반야共般若 107
과박果縛 89
관행즉觀行卽 139

나무보리수 50
난위煖位 87
내범內凡 86
녹원시鹿苑時 43

ㄷ

단중但中 105
대교對敎 53
대시 태자大施太子 96
『대열반경大涅槃經』 62
『대지도론大智度論』 69
덕소德韶 30
『도인교원유사道因敎苑遺事』 31
도종성道種性 113
도종지道種智 132
독송품讀誦品 127
돈교頓敎 44, 46

둔근鈍根보살 105
등각等覺 26, 122

만자교滿字敎 53
멸제滅諦 83
명자즉名字卽 139
목암牧庵 158
몽윤蒙潤 35
묘각妙覺 26, 122
묘법妙法 123
『묘법연화경현의妙法蓮華經玄義』 29
무량사제無量四諦 115
무색애주지無色愛住地 131
무생사제無生四諦 103
무여열반無餘涅槃 89
무학도無學道 88

박지薄地 101
반야시般若時 43
반자교半字敎 53
발원 126
방등부方等部 53
방등시方等時 43

『법화경』 48
법화열반시法華涅槃時 43
벽지불지辟支佛地 102
별교別敎 24, 44, 109
별상념처別想念處 87
별혹別惑 131
보명왕普明王 96
보살지菩薩地 102
복인위伏忍位 111
부단중不但中 105
부율담상교扶律談常敎 63
부정관不淨觀 86
부정교不定敎 44, 57
부종 계충扶宗繼忠 31
분단생사分段生死 103
분증즉分證卽 139
『불조통기佛祖統紀』 35
불지佛地 102
비니장毗尼藏 68
비밀교秘密敎 44, 56
『비바사론』 69
비바시불毗婆尸佛 95

『사교의四敎儀』 29
사념처四念處 83
사다함斯陀含 88

사명 초암四明草菴 31
사성제四聖諦 51
사여의족四如意足 84
사육도사六度 51
사정근四正勤 83
4주지혹四住之惑 25, 131
사혹思惑 24, 52, 80
사홍서원四弘誓願 93
삼관三觀 123
37도품道品 83
삼장교三藏敎 51, 68
삼제三諦 123
삼주설법三周說法 65
상사리尙闍梨 97
상사위相似位 106
상사즉相似卽 139
색애주지色愛住地 131
생멸사제生滅四諦 70
생멸生滅·무생無生·무량無量·무작無作 85
생연유(生酥) 53
설법품說法品 128
성종성性種性 113
성지性地 101
세제일위世第一位 87
수다라장修多羅藏 68
수다원須陀洹 88
수도修道 88

수식관數息觀 86
수혹修惑 79
수희隨喜 126
수희품隨喜品 123
습종성習種性 112
『승천왕경勝天王經』 110
시기불尸棄佛 94
시비왕尸毗王 96
십승관법十乘觀法 142, 150
십신위十信位 122
십악十惡 72
십이인연 51
십주十住 112
십주위十住位 122
십지十地 114, 122
십행十行 113, 122
십회향十廻向 113, 122

ㅇ

아귀도餓鬼道 73
아나함阿那含 88
아라한阿羅漢 88
아비담장阿毘曇藏 68
아수라도阿修羅道 73
연각緣覺 90
연등불然燈佛 95
『열반경』 48, 109

열응신劣應身 50
염불관念佛觀 86
염오무지染汚無知 79
『영가집永嘉集』 27
『영락경』 110
오개五蓋 146
오근五根 84
오력五力 84
오시五時 43
오역죄五逆罪 72
오정심관五停心觀 86
오품제자위五品弟子位 24, 122, 123
오회五悔 124
외범外凡 86
요인불성了因佛性 134
원교圓敎 24, 44, 120
유여열반有餘涅槃 89
유즙(酪) 51
육근청정위六根淸淨位 129
육바라밀六波羅蜜 93
육즉六卽 139
의적義寂 28
이근利根보살 105
25방편方便 142, 143
25유有 71
이욕지離欲地 101
이즉理卽 139
이판지已辦地 101

익은 연유(熟酥) 55
인도人道 74
인연관因緣觀 86
인위忍位 87
일생보처一生補處 97
일승一乘 59
일체종지一切種智 135

자박子縛 89
자비관慈悲觀 86
장교藏敎 24, 44
점교漸敎 49, 44
정광淨光 30
『정명경淨名經』 53
『정명현의淨名玄義』 155
정위頂位 87
정인불성正因佛性 135
정행육도품正行六度品 128
정혜원定慧院 30
제관諦觀 29
제법실상諸法實相 103
제호醍醐 60
종가입공관從假入空觀 112
종공입가관從空入假觀 113
주작문朱雀門 107
지말무명枝末無明 79

지반志磐 35
지옥도地獄道 71
지자智者 43
진각眞覺 34
진사혹塵沙惑 25
진위眞位 106
집제集諦 79
『집주集註』 35

찬녕贊寧 27
찬제선인羼提仙人 96
참회 124
천도天道 75
총상념처總想念處 87
축생도畜生道 72
취상혹取相惑 79
칠각지七覺支 84
7방편위方便位 87

통교通敎 24, 44, 100
『통혜록通惠錄』 27
통혹通惑 79, 131

팔교八敎 43
88사使 80
팔열지옥八熱地獄 71
팔인지八人地 101
팔정도八正道 84
팔한지옥八寒地獄 71
편진偏眞 100

화법사교化法四敎 68
화성化城 106
『화엄경』 58
화엄시華嚴時 43
화의사교化儀四敎 46
회향廻向 126